라키비움 J

J
포럼

《그린다는 것》 이세 히데코 글·그림, 황진희 옮김, 천개의바람

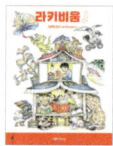    

Since 2018

라키비움J 11호 : 그림책은 그림
ⓒ 전은주, 표유진, 오현수, 이시내, 하예라

발행일 2025년 11월 20일
발행인 전은주　**편집장** 표유진　**책임 편집** 임서연
기자 오현수, 이시내, 전은주, 하예라　**디자인** 노현옥
고마운 분들 김유대, 김소리, 김진화, 박건웅, 박재연, 박현민, 소윤경, 송지현,
　　　　　　심현지, 여지은, 오승현, 이수연, 이지은, 조수진, 조오, 조은영, 최연지

펴낸곳 (주) 제이포럼
등록일 2020년 10월 29일　**등록번호** 과천, 사00005
주소 (03832)경기도 과천시 별양로 164 711동 2303호(부림동)
전화번호 02-3144-3123　**광고 및 문의** books_ripening@naver.com
인스타그램 @larchi_j

ISBN 979-11-94834-06-9 04800
ISBN 979-11-975253-0-8(세트)
ISSN 2734-1976

《라키비움J 11호 : 그림책은 그림》을 위해 이미지 사용을 허락하고 보내 주신 모든 작가님과 출판사에 감사드립니다.
이 책은 저작권법에 따라 보호받음으로 무단 전재와 무단 복제를 금합니다.

표지 그림 《영원의 얼굴》 ⓒ 소윤경

PICTURE BOOK
MAGAZINE
LARCHIVEUMJ

라키비움J

Vol.11 그림책은 그림

차례

발행인의 말

인생이 갑갑할 때
글을 써야 하는 이유 12

**브라티슬라바 그림책 비엔날레(BIB)
2025 한국 대표 작가 10인 인터뷰**

작가를 알면
그림책이 확 깊어진다 16

BIB 심사를 마치며

10개의 세계가 모여 만든
하나의 시대 18

시대를 기록하는 그림책의 진실한 세계

박 건 웅

22

논픽션 그림책의 아름다운 세계

김 유 대

36

경계를 찢고 확장되는 그림책의 세계

소 윤 경

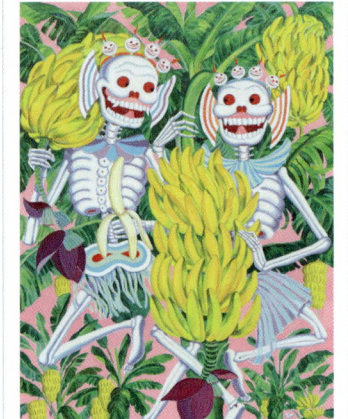

48

질문과 답이 오가는 그림책의 세계

김 진 화

60

발상을 전환하고 실험하는 세계
박현민

72

그림책 힙을 이끌어 가는 개성의 세계
김소리

100

공간으로 이야기를 만드는 그림책 건축의 세계
조오

80

상상력 폭발 사랑스런 캐릭터의 세계
이지은

110

실제로 봐야 더 멋진 그림책 물성의 세계
조수진

90

깊숙한 내면을 들여다보는 치료자의 세계
이수연

118

한 권의 그림책에 담은 100가지 표현 기법

2011년 BIB 그랑프리 수상작
《달려 토토》

130

보이지 않는 손, 편집자가 만든 그림책의 길

2019 BIB 황금사과상 수상작
《세상 끝까지 펼쳐지는 치마》

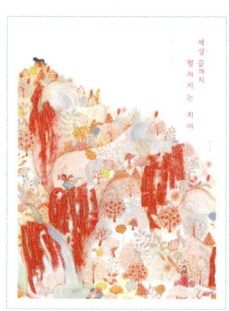

136

그림책 들고 떠나는 문화 여행

K-컬처 덕질 성지,
국립중앙박물관으로!

148

어린이와 함께 박물관으로!

국중박 갈 때 이 책 들고 가면
인증샷 100개 가능

156

《박물관의 밤》이 우리에게 던진 질문들

박물관의 공룡 화석은
원래 누구의 것이었을까?

162

물성으로 보는 그림책

독자의 감정까지 바꾸는 힘,
판형

170

시니어 그림책 독서 모임
편집장 딸이 아빠와 읽은 그림책

176

하예라의 음악이 흐르는 그림책
다 같이 보고 불러요,
노래 그림책

180

이시내의 그림책 인문학
왜 리디아는 빵을 굽지 않고
꽃을 심었을까?

186

표유진의 그림책 리터러시
그 물고기는 왜
혼탁한 색깔이 되었나?

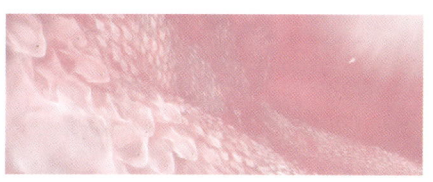

190

최연지의 질문하는 그림책
세상에 나쁜 경험은 없다!

194

그림책은 우리 집 미술관

200

《라키비움J 10호 : 그림책은 집》과
함께 했어요!

228

《라키비움J 11호 : 그림책은 그림》과
함께 즐겨요!

230

마음에 스며드는 한솔수북 가을 신간

자신을 발견하고 꿈을 찾는 세상 속으로의 여행

종이비행기는 새로운 모험이자 도전입니다.
익숙한 일상을 떨쳐버리고 안 해본 것, 안 가본 곳을 가는 용기는
종이비행기와 함께여서 가능합니다. 그림을 그린 김성찬 작가는
종이비행기처럼 자유롭게 세상 곳곳을 누비고 싶은 것 같습니다.

《나의 다정한 종이비행기》 글 김경화·그림 김성찬·기획 권은정 | 값 16,000원

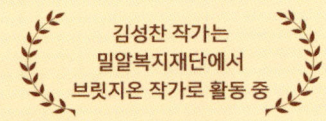
김성찬 작가는
밀알복지재단에서
브릿지온 작가로 활동 중

해녀 할머니와 동물 가족들의 따스하고 감동적인 삶과 사랑 이야기

할머니가 고무 잠수복을 입고 바다로 들어가면,
열한 살 고양이 노랑이와 아홉 살 강아지 포는 젖병 등대 앞에서
테왁에 턱을 기댄 채 해녀들을 바라보고 있어요.
아웅다웅 우당탕탕 자주 싸우는 동물들과 해녀 할머니 이야기는
'가족'이 우리에게 어떤 존재인지를 생각해 보게 합니다.

《해녀 할머니와 우당탕탕 가족》 글 김여나·그림 이명환 | 값 16,000원

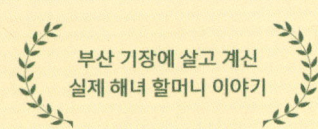
부산 기장에 살고 계신
실제 해녀 할머니 이야기

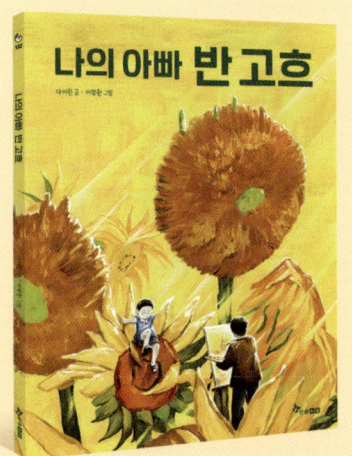

한중 합작 그림책 《나의 아빠 반 고흐》
우리 아빠도 고흐처럼 예술가일까?

중국에서 인기를 끌고 있는 다이원 작가의 글에
한국의 이명환 작가가 그림을 그린 한중 합작 그림책이에요.
유명 화가인 고흐의 그림을 모작하는 직업을 가진
아빠를 바라보는 어린 아들의 시선을 따라
예술가로서의 자기 꿈을 되찾아가는
아빠의 모습을 담담하게 풀어 내고 있어요.

《나의 아빠 반 고흐》 글 다이원·그림 이명환 | 값 16,000원

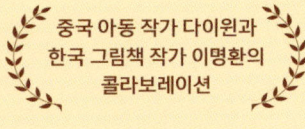
중국 아동 작가 다이원과
한국 그림책 작가 이명환의
콜라보레이션

한솔수북
전화 02-2001-5828 팩스 0303-3440-0108

달콤한 마음이 싹트는 사랑스러운 세계

✦ 볼로냐 라가치상 수상 작가 김지안 ✦

김지안 그림책 | 값 17,800원

(계수나무) (가을) (과자) (겨울잠)

가을바람에서 달콤한 향기가 나면
계수나무 과자점이 문을 연 거야

홈페이지 www.wisdomhouse.co.kr | SNS Instagram@wisdomhouse_kids

위즈덤하우스

"한동안 그냥 막 써 보려고 합니다.
오늘 하루에 대해서, 오늘 하루를 살아 낸
나에 대해서요."

발행인의 말

인생이 갑갑할 때 글을 써야 하는 이유

전은주

책 출간 계약은 해 놓고, 매일 컴퓨터 앞에 앉아 있으면서도 도무지 글이 써지지 않는다는 친구에게 잔소리를 했습니다. 매일 수다 글을 쓰라고요. "책 원고는 잘 쓰고 싶어서 자꾸 미루게 되니까, 매일 그냥 떠오르는 아무 말이라도 일단 써!" 책을 쓰려면 내용만 있으면 안 되고, 쓰고 싶은 내용을 쓰고 싶을 때 화르륵 쏟아 낼 수 있도록 평소에 미리미리 '입 털고 손을 풀어 놔야' 하거든요. 꼭 책을 쓰기 위해서가 아니라도 우리가 글을 써야 하는 이유는 많습니다. 특히 내 마음을 내가 모르겠을 때, 혹은 내 마음을 내가 모른다는 것도 모르고 있을 때, 우리는 글을 쓰다가 내가 사실은 속으로 어떤 생각을 하고 있었다는 것을 깨달을 때가 있습니다.

글쓰기는 너무나 훌륭한 거울입니다. 내가 지금 어떤지 확실히 보여 줍니다. 며칠 전 그냥 날이 추워서 그런가 입맛이 없다고, 경상도 뜨끈한 김치 갱시기죽을 먹으면 좋겠다고 일기를 쓰다가 어린 시절 어느 날, 실컷 울고 났더니 엄마가 기운 빠졌겠다고 밥 먹고 자라고 하며 차려 준 밥상 메뉴였다는 게 기억났어요. 그때 왜 울었나 생각해 보니 친구와 싸운 날이었어요. 그 후로도 친구들과 싸우고 화해한 흑역사들이 줄줄이 떠오르고…. 그러다가 깨달았죠. 아, 내가 지금 배가 고픈 게 아니라 속이 허한 거구나!
그제야 얼마 전 관계를 끊은 친구가 생각납니다. 오래되었다는 이유만으로 소중하게 여겨 왔을 뿐, 사실은 그 사람 때문에 마음이 상한 것도 오래되었다는 걸 뼈아프게 깨닫고 그 친구가 있는 단톡방에서 조용히 나오기를 누른 그날 이후, 내가 마음이 허하구나 하고 깨닫습니다. 만약 글을 쓰지 않았다면 저는 그냥 배가 고픈 줄 알았을 거예요. 엄마 손맛을 흉내 내며 갱시기죽을 끓여 먹었겠죠. 하지만 먹어도 먹어도 허기가 가시지 않았을 거고, 어느 날, 배고픔과 외로움을 구분하지 못한 채 불쑥 다시 그 단톡방으로 들어갔을 겁니다. 여전히 허기진 상태로 상처도 다시 받기 시작하겠죠. 머지않아 저는 자기 혐오에 빠졌을 거예요. 나는 기껏 용기를 내 도망쳐 놓고도 잠깐 허한 기분을 못 참아 또다시 진창으로 들어가는 어리석은 인간이구나!

하지만 저는 글을 썼는걸요. 처음엔 그냥 배고프다는 수다 글이었지만 어느새 내 진심이 무엇인지, 내가 지금 삶의 어느 선상에 있는지 한 발 떨어져, 혹은 한 발 더 가까이 가서 들여다보는 시간이었습니다. 글을 쓴 덕분에 나는 후회할 관계로 다시 기어 들어가는 바보짓을 막았어요. 좋은 관계란 무엇인가 제 마음을 좀 더 잘 알게 되었습니다. 글을 쓴 덕분에 나는 허망한 야식에 취하지 않았고, 아주 부담 없이 써 갈긴(?) 짧은 글 덕분에 정말 내가 쓰고 싶은 글을 쓸 수 있도록 준비 운동을 했습니다. 뭔가 멋진 글을 쓰려고 하지 않고 아무 말이나 해 댄 덕분에 열등감이나 초조함으로 나를 밀어붙이지 않을 새 친구도 만나게 될 것이라 희망도 가져 봅니다. 이거야말로 일거양득 아니겠어요?

한동안 그냥 막 써 보려고 합니다. 오늘 하루에 대해서. 오늘 하루를 살아 낸 나에 대서요.
그러다 보면 그림책을 읽고 좋다고 발을 동동 굴러 놓고는, SNS에 올리겠다고 사진도 찍어 놓고는 다음 날엔 잊어버리는 제 휘발성 감동도 이제 좀 무게를 갖게 되지 않을까 기대를 합니다. 글 쓰는 나, 파이팅!

더 멋진 모습이 되길 바라던 고드프리 마음에 변화가 생겼어요.
도대체 무슨 일이 일어난 걸까요?

Q. 개구리의 한 살이 표를 채워보세요.

알 ···▸ 올챙이 ···▸ 뒷다리가 쑥! ···▸ 앞다리가 쑥! ···▸ 나는 개구리예요! ···▸ ?

마지막 단계는 무엇일까요?

SEL
사회정서를 기르는
마음연습 그림책

나의 감정을 잘 인식하고 관리하며,
다른 사람과 소통하는 능력을 키우는
사회정서학습 SEL: Social Emotional Learning 의 첫걸음입니다.

수많은 다정한 말을 품고 자란 아이는 제힘으로 알을 깨고 자란다.
그러나 세상을 마주하며 "난 충분히 멋져."라고
말하기까지 수많은 어려움을 지나야 한다.
있는 그대로 자기를 받아들이고 또렷하게 말하기까지,
이 그림책은 아이가 자신을 믿고 사랑하는 마음이 자라게 돕는다.

　　　　　　　　　　　　　　　　● **이시내** 초등학교 교사, 그림책 잡지 『라키비움J』 수석 기자

알렉스 라티머 글·그림 • 도은선 옮김　　　이메일 jforum1@gmail.com　전화번호 02-6949-0025　인스타그램 @jforum_official　**J**pic

새 발걸음을 당당히 내디딜 수 있도록
내 안의 나를 응원하는 그림책

★ 대만, 터키 수출
★ 초등 북스타트 선정도서(2025)
★ 발달장애인독후감대회 선정도서 (2025)
★ 경남독서한마당 초등 저학년 부문 선정도서(2024)
★ KBBY 제4회 한멕시코 그림책 번역대회 선정도서(2023)
★ 국립어린이청소년도서관 유아 대상 사서추천도서(2023)
★ 올해 성북구 어린이 한 책 최종후보 노미네이트(2023)
★ 월간 책씨앗 추천도서(2023)
★ 예스24 법인회원 필독서(2023)
★ KBBY가 주목한 그림책(2023)

문 밖에 사자가 있다
윤아해 글 | 조원희 그림 | 52쪽 | 16,000원

두려움과 절망을 넘어 나의 길을 찾는
단단한 용기에 관한 이야기

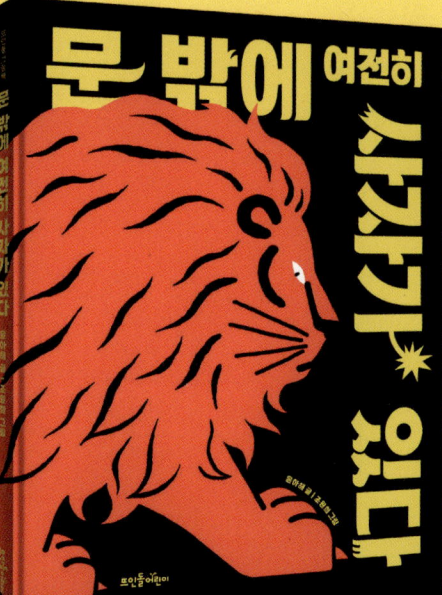

★ 대만, 터키 수출
★ KBBY가 주목한 그림책(2025)

문 밖에 여전히 사자가 있다
윤아해 글 | 조원희 그림
60쪽 | 16,800원

홈페이지 www.ddstone.com | 문의 02-337-5252 뜨인돌어린이

브라티슬라바 그림책 비엔날레(BIB) 2025
한국 대표 작가 10인 인터뷰

작가를 알면 그림책이 확 깊어진다

BIB 2025

한국 대표 작가 10인과 그림책

시대를 기록하는 그림책의 진실한 세계 — 박건웅

논픽션 그림책의 아름다운 세계 — 김유대

경계를 찢고 확장되는 그림책의 세계 — 소윤경

질문과 답이 오가는 그림책의 세계 — 김진화

발상을 전환하고 실험하는 세계 — 박현민

공간으로 이야기를 만드는 그림책 건축의 세계 — 조오

실제로 봐야 더 멋진 그림책 물성의 세계 — 조수진

그림책 힙을 이끌어 가는 개성의 세계 — 김소리

상상력 폭발 사랑스런 캐릭터의 세계 — 이지은

깊숙한 내면을 들여다보는 치료자의 세계 — 이수연

BIB 심사를 마치며
10개의 세계가 모여 만든 하나의 시대

글 · 표유진 편집장

그림책을 더 즐겁게 읽는 방법, 작가의 세계를 함께 보자
그림이 자꾸 마음을 붙잡아 이야기를 다 읽은 뒤 다시 책을 들여다본다. 그림책을 좋아한다면 한 번쯤 이런 경험이 있을 것이다. 그림책의 그림은 독자의 시선을 멈추게 하고, 시간을 천천히 흐르게 한다. 때론 우리가 미처 경험하지 못한 속도를 제안하기도 한다. 장면을 빠르게 넘기게 만들거나, 아주 작은 부분을 크게 확대한 한 컷으로 시간을 멈추게 한다. 공간을 비틀어 다른 차원의 시점을 열고, 과거와 현재, 꿈과 현실을 한 화면 안에 겹쳐 놓거나, 눈에 보이지 않는 정서를 손에 잡힐 듯 생생히 보여 준다. 우리는 작가가 그린 색의 온도, 선의 방향, 여백의 숨결 등을 느끼며 이 모든 것들을 경험한다.
그림책은 단순히 이야기를 전달하는 책이 아니라, 작가가 자신의 눈으로 본 세계를 가장 솔직하게 드러내는 예술 형식이다. 그래서 한 장의 그림에도 작가의 감정, 경험, 철학이 녹아 있다. 작가가 어떤 생각으로 장면을 만들었는지, 어떤 질문을 품고 그림을 그렸는지를 아는 순간 그림책은 전혀 다른 깊이로 다가온다.
그림을 읽는다는 건 결국, 작가가 바라본 세계의 호흡을 함께 느끼는 일이다. 그림을 이해한다는 건 곧 작가의 내면과 사유의 구조를 읽어 내는 일이다. 이번 호는 바로 그 지점에서 시작한다.

글 없이 그림으로만 평가하는 세계 무대, BIB
우리는 브라티슬라바 그림책 비엔날레(이하 BIB)를 통해 그림책의 그림을 온전히 바라보려 한다. BIB는 세계에서 가장 오래된 국제 그림책 비엔날레이다. 볼로냐 어린이도서전, 프랑크푸르트 도서전과 더불어 세계 3대 아동도서전으로 꼽힌다. BIB는 격년으로 개최되며 국가별 추천 기관(한국은 KBBY에서 출품작 추천)을 통해 최대 열 명의 작가의 그림책 원화가 출품된다. 그리고 그랑프리, 황금사과상, 우수상, 출판영예상, 어린이심사위원상, 브라티슬라바 시장상 부문을 뽑는다.
특이점은 글이 아닌 오로지 '그림'만을 평가한다는 것이다. 출품작들은 언어의 경계를 넘어 그림이라는 하나의 수단으로 동등한 경쟁을 펼친다. 출품작들은 전체 이야기가 아닌 몇 장의 원화로 이야기의 세계를 얼마나 깊이 있게 표현하고 전달할 수 있는가를 증명해야 한다.

그림의 힘을 증명할 작품을 뽑다

BIB 2025 출품을 위해 한국 대표 그림책 열 권을 뽑는 심사 현장은 우리 그림책의 현재를 한눈에 보는 자리였다. 최근 3년간 출간된 작품들이 탑처럼 쌓여 있었고, 그 안에는 수많은 세계가 겹겹이 존재했다. 모두 한국어로 쓰인 책이었지만, 그림의 언어는 전혀 달랐다. 어떤 그림은 역사의 상처를 기록했고, 어떤 그림은 현실의 틀을 넘어 새로운 시공간을 보여 주었다. 또 어떤 그림은 논픽션의 사실을 시처럼 번역했고, 일상의 장면 속에서 인간의 본질을 포착했다. 그림의 방식과 시선은 모두 달랐지만, 그 다름이야말로 지금 한국 그림책의 힘이었다.

앞서 말했듯 BIB의 심사 기준은 오로지 그림이다. 때문에 그림으로 자신의 개성을 충분히 드러내면서 한 장면 한 장면의 예술적 완성도가 높은 열 권의 그림책을 선정했다. 이 그림책들은 모두 다른 시각 표현 기법을 보여 줄 수 있도록 하였는데, 개인적으로 한국적 아름다움을 전면에 내세운 그림책이 빠진 것은 조금 아쉬운 부분이다.

10인의 세계, 10개의 언어

《라키비움J 11호 : 그림책은 그림》은 선정된 작가 열 명, 박건웅, 김유대, 소윤경, 김진화, 박현민, 조오, 조수진, 김소리, 이지은, 이수연(인터뷰 수록 순)을 한자리에 모았다. 이들의 그림은 각기 다른 질문으로 시작해 각자의 세계를 만들고, 그 세계들이 모여 오늘의 한국 그림책이라는 하나의 장르를 완성한다.

《세월 1994~2014》의 박건웅은 우리가 기억해야 할 역사를 예술로 기록했다. 그는 세월호라는 현실의 비극을 직접적으로 재현하기보다, 한 점 한 점을 정성껏 찍어 눈부시게 빛나는 노란 별과 꽃, 푸른 바다로 슬픔을 표현했다. 사랑하는 이를 그리워하는 마음을 담은 사려 깊은 그림은 시리도록 아름답다.

《이런, 멋쟁이들!》의 김유대는 자연의 경이로움을 지식과 감성으로 엮어낸다. 사실적인 묘사 안에서도 생명에 대한 애정과 호기심이 느껴지며, 논픽션 그림책이 가질 수 있는 따뜻한 결을 완성했다.

《영원의 얼굴》에서 소윤경은 전래동화 속 인물을 오늘의 사람들 속에서 다시 불러낸다. 과거의 이야기와 현재의 삶이 한 장면 안에서 겹쳐지며, 인간이 가진 다양한 얼굴과 내면의 감정이 드러난다. 그는 허구와 현실, 시간의 경계를 허물어 이야기가 결국 '우리의 현실'을 비추는 거울이 될 수 있음을 보여 준다.

김진화는 《주문 많은 요리점》에서 100년 전 미야자와 겐지의 글을 오늘의 감각으로 다시 그렸다. 그는 겐지의 문장들 사이에서 자신만의 시각적 풍경을 찾아냈다. 그래서 이 오래된 이야기는 지금 읽어도 낯설지 않다. 김진화의 그림이 시간의 간극을 메우고, 과거의 언어를 오늘의 감정으로 번역해 주기 때문이다.

《엄청난 소똥구리》의 박현민은 그림책에서 익숙한 소재에 실험을 더했다. 제한된 색과 물리적 크기의 한계를 뛰어넘는 구도 등으로 장면마다 속도와 리듬이 달라진다. 소똥구리가 똥을 굴리듯 이야기를 굴리며 즐거운 이야기를 만들어냈다.

조오는 《나의 그늘》에서 감정이 머무는 공간을 정교하게 설계했다. 빛과 그림자, 식물의 형태가 시간의 변화를 따라 호흡하며, 그림책 안에 '정서의 시간'을 만들어낸다.

책의 물성을 놀이처럼 탐구했던 조수진은 《위대한 완두콩》을 통해 한계를 뛰어넘는 다양한 실험으로 자기만의 그림책 세계를 확립한 자신의 이야기를 보여 주는 듯하다. 여러 레이어가 겹쳐져 다양한 질감을 만든 조수진의 그림은 개성 그 자체이다.

김소리는 《동물원 탈출》에서 색과 형태가 가진 에너지를 자유롭게 풀어냈다. 통통 튀는 리듬과 대담한 색의 조합으로 화면 전체가 생동한다. 그림이 이야기의 속도를 결정하는 전형적인 예다.

이지은은 《츠츠츠츠》를 통해 상상력과 유머, 따뜻한 시선을 결합했다. 특정한 생물이 연상되지 않는 새로운 형태의 캐릭터는 대담한 외형과 섬세한 감정을 가졌다. 가장 인상 깊은 그림책 캐릭터로 많은 어린이들이 이지은의 캐릭터를 꼽는 이유일 것이다.

이수연의 《많은 사람들이 바다로 가》는 난민의 현실을 이수연 특유의 색과 텃새로 상징화된 군상의 모습으로 보여 준다. 난민들의 절망과 슬픔, 사랑과 희망 등의 감정이 새의 눈빛을 통해 고요하지만 강렬하게 전달된다. 이수연의 그림은 오래 남는 울림을 가진다.

박건웅, 황금사과상 수상!
이 열 개의 세계는 지금 한국 그림책이 보여주는 예술적 스펙트럼이자, 그림이 어떻게 사유의 언어로 작동하는지를 증명한다. 특히 박건웅 작가가 세월호를 다룬 작품 《세월 1994~2014》로 BIB 2025 황금사과상을 수상한 것은 이번 기획의 상징적 장면이다. 그의 그림은 슬픔을 직접적으로 말하지 않는다. 대신 잊지 않아야 할 진실을 담담히 기록하며, 예술이 할 수 있는 가장 인간적인 방식으로 위로를 건넨다. 그 마음이 국경을 넘어 전 세계에 전해졌다는 사실은, 그림이 서로 다른 언어의 한계를 초월해 공감의 매개가 될 수 있음을 보여 준다.

한국 그림책의 중심에선 10명의 작가를 만나자!
《라키비움J 11호 : 그림책은 그림》은 BIB 2025 한국 선정 작가 열 명을 모두 만났다. 이들은 현재 한국 그림책의 중심에서 활발히 활동하는 이들이다. 열 명의 작가가 보여 주는 서로 다른 그림의 언어는 지금 한국 그림책이 어떤 실험과 감각 위에 서 있는지를 보여 준다. 이 특집은 단지 열 명의 작가를 인터뷰한 결과물이 아니라, 한국 그림책의 현재를 이해하기 위한 하나의 지도가 될 것이다.

더불어 이번 특집 인터뷰는 단순히 작가의 생각을 소개하는 것이 아니라 그림책을 사랑하는 독자들에게 '그림을 읽는 법'을 전해주는 자리이다. 작가의 말을 따라가다 보면 그림책이 어떻게 태어나고, 어떻게 마음에 남는지 자연스럽게 이해할 수 있을 것이다.

아주 오래전부터 우리는 그림으로 우리의 세계를 그려 왔다.
그림은 언어보다 먼저 마음에 닿고, 오래 남는다.
우리는 그 오래된 언어로 오늘의 세계를 읽고자 한다.

역대 주요 BIB 한국 수상 작가와 그림책

2005년 황금사과상, 한병호
《새가 되고 싶어》 한병호 글·그림, 시공주니어
고층 빌딩 줄타기 페인트공 아저씨는 날개 달린 새가 되어 자유롭게 사는 꿈을 꾼다. 막상 새의 삶도 위험하고 불편한 걸 깨달은 아저씨의 상상은 꼬리를 물고 이어진다.

2007년 어린이 심사위원상, 김재홍
《영이의 비닐우산》 윤동재 글, 김재홍 그림, 창비
비 오는 날 등굣길에 만난 거지 할아버지에게 마음이 쓰여 비닐우산을 건네고 하루 내 걱정하는 영이의 다정한 마음을 만나 보자. 절제된 색감의 등굣길 풍경과 초록 우산의 대비된 색감이 인상적이다.

2011년 그랑프리, 조은영
《달려 토토》 조은영 글·그림, 보림
말 인형 '토토'를 좋아하는 꼬마는 할아버지 손에 이끌려 경마장에 간다. 아이의 눈에 비친 경주마의 역동성과 사람들의 욕망, 어린아이의 순수함 등을 강렬한 색감과 개성적인 표현에 담았다.

2011년 황금사과상, 유주연
《어느 날》 유주연 글·그림, 보림
익숙한 숲을 떠나 도시로 향한 작은 새는 회색 도시의 차가움에 직면한다. 씩씩하게 탐험을 끝내고 고향으로 돌아오는 작은 새의 여정과 성장을 흑백 수묵화로 담아냈다.

2013년 황금사과상, 노인경
《코끼리 아저씨와 100개의 물방울》 노인경 글·그림, 문학동네
목마른 아이들을 위해 물동이를 이고 집으로 향하는 코끼리 아빠의 고난과 여정을 보여준다. 작은 픽셀로 표현된 100개의 물방울이 자꾸 줄어들 때마다 독자는 응원을 전한다.

2015년 우수상, 이명애
《플라스틱 섬》 이명애 글·그림, 사계절
바닷새가 자기가 사는 날마다 자라나는 거대한 플라스틱 섬 이야기를 담담히 들려준다. 화려한 플라스틱 파편과 대비되는 먹색의 자연, 위협받는 바다 생물의 삶이 마음을 먹먹하게 한다.

2017년 황금사과상, 김지민
《하이드와 나》 김지민 글·그림, 한솔수북
초현실적인 느낌의 흑백 그래픽 공간 속에서 여러 가지 모양으로 뚫린 구멍을 통해 낯설고 새로운 나를 발견하게 하는 공간으로 초대하는 그림책이다. 표지 안 내지가 병풍처럼 펼쳐진다.

2019년 황금사과상, 명수정
《세상 끝까지 펼쳐지는 치마》 명수정 글·그림, 글로연
내 치마가 세상 끝까지 펼쳐질까? 한 소녀가 자연의 친구들에게 계속 묻지만, 답을 듣지 못하자 결국 직접 치마에 세상을 담아낸다. 세상을 치마에 담는 비법, 책 속에 있다.

2021년 황금사과상, 이명애
《내일은 맑겠습니다》 이명애 글·그림, 문학동네
일주일 날씨를 알리는 음성과 함께 세상 사람들의 일상 풍경이 시작된다. 노란 선은 사람들 일상의 다양한 배경을 만들어가다 일상을 밝은 햇살로 가득 채우며 삶의 절정을 선물한다.

2025년 황금사과상, 박건웅
《세월 1994~2014》 문은아 글, 박건웅 그림, 노란상상
1994년 일본에서 태어나 18년 넘게 운항했던 세월호가 한국의 바다에 투입된 지 1년여 만인 2014년, 304명의 소중한 생명과 함께 침몰하기까지의 이야기로, 세월호의 일인칭 시점으로 참사의 원인과 과정, 결과를 돌이켜보는 다큐멘터리 그림책이다.

시대를 기록하는 그림책의 진실한 세계

"나는 '잊혀진' '기억'을
'복원'하는 작가입니다."

박건웅

에디터 | 전은주

〈라키비움J〉가 인터뷰를 하면 마지막 질문은 늘 이것이다. "'나는 ( ), ( ), ( )한 작가이다'라고 스스로를 설명하는 단어 세 개를 골라 주세요." 앤서니 브라운 작가는 "나는 늙고, 호기심 많고, 행복한 작가입니다."라고 했고, 시드니 스미스 작가는 '호기심 많고', '혼란스럽고', '민감하다'는 단어를 골랐다. 박건웅 작가는 이 질문을 조금 오해하는 바람에 이렇게 대답했다. "나는 (잊혀진) (기억을) (복원하는) 작가입니다." 작가의 대답을 보며 기자는 생각했다. 이 대답을 맨 처음으로 올려야겠구나.

박건웅 작가는 잊혀진 기억을 복원하는 작가이다.

박건웅 작가는 지금까지 주로 우리나라의 아픈 현대사를 증언하는 만화 작업을 해 왔다. 한국 전쟁 당시 미국에 의한 노근리 양민 학살 사건 《노근리 이야기》, 김근태 의원 고문 사건을 그린 《짐승의 시간》, 인혁당 사형수 8명의 이야기를 그린 《그해 봄》도 있다. 《아리랑》, 《옌안송》 등 우리에게 잘 알려지지 않은 독립운동가들의 삶 이야기도 계속 만화 작업 중인데, 그중 《제시이야기》는 뜻밖에도 육아일기이다. 중국 상하이 임시정부를 중심으로 활동했던 독립운동가 양우조, 최선화 부부의 첫딸 제시의 성장 일기에는 당시 임시정부 사람들의 생활사와 인간적 모습들이 따뜻하게, 동시에 처절하게 담겨 있다. 분명히 우리 역사의 한 부분이건만, 특히 전쟁과 국가권력의 폭력으로 일어났으나 교묘하게 덮여졌던 일들, 어느새 침묵과 방관으로 잊혀졌던 일들을 작가는 복원하고 증언한다. 얼마 전에 나온 작가의 첫 에세이집 제목은 이것이다. 《나는 꿈꾸는 자들의 긴 그림자》.

선생님은 젊었을 적 사진을 가지고 있지 않다고 하셨다.
가족들이 신상이 알려지는 것을 두려워해 그와 관련된 것을
전부 불태워 없애 버렸기 때문이었다. 그를 기억하는 것은 이 세상에 없었다.
눈에 보이는 것들은 전부 사라지고 없었다. 그럼 무엇이 남아 있던 것일까.
오로지 기억이었다. 그 기억들이 이야기로 하나하나 공기 중에 흩어지면,
나는 그 흩어진 조각들을 잡아 흰 종이에 담아냈다. 매우 흥미로운 작업이었다.
그렇게 생명을 얻은 기억은 우리가 알지 못했던 또 하나의 역사가 되어
새롭게 다가왔다.

《나는 꿈꾸는 자들의 긴 그림자》 73쪽에서

세월호 참사 당시 광화문에서 예술인들이 지지 활동했던 장면이다. 경찰들이 막고 있으면 뱃머리를 들어 올려 경찰 바다 위의 침몰한 세월호를 보여 주는 연출을 하여 무능력하고 무책임한 정부의 모습을 비판하려 한 것이다.

《나는 꿈꾸는 자들의 긴 그림자》
박건웅 지음, 흠영

《제시이야기》
박건웅 지음, 우리나비

BIB 2025 황금사과상 수상작

《세월 1994~2014》 문은아 글, 박건웅 그림, 노란상상
1994년 일본에서 태어나 18년 넘게 운항했던 세월호가 한국의 바다에 투입되고 1년여 만인 2014년에 304명의 소중한 생명과 함께 침몰하기까지의 이야기이다. 세월호가 일인칭 시점으로 참사의 원인과 과정과 결과를 들려주는 다큐멘터리 그림책이다.
박건웅 작가는 푸른색과 노란색이 아름다운 아크릴화로 세월호의 이야기를 재현했다. 수많은 슬픔과 상처가 겹겹이 쌓인 기억을 재현하기 위해 작가는 무수히 많은 점을 찍고, 반복된 붓질을 하며 위로와 그리움을 담은 그림으로 완성했다.

"만화영화 〈코코〉에서 그러잖아요. 죽은 사람들은 산 사람들이 기억하면 살아 있다고. 기억해야죠. 특히 억울하게 죽은 사람들은요."

박건웅 작가가 이렇게 한국 현대사에 몰두하는 이유는 1991년 홍익대학교 서양화과 신입생 시절로 거슬러 올라간다. 명지대 강경대 학생이 시위 진압 경찰의 쇠 파이프에 맞아 숨진 사건이 일어났다.

"그림 재료를 사러 화방에 갔다가 붙어 있는 유인물을 봤는데, 며칠 전에 본 얼굴이 있는 거예요. 강경대란 친구는 며칠 전 명지대에서 본 적이 있던 친구였어요. 충격적이었죠. 나랑 동갑. 정치며 학생운동 이런 거 다 남의 일이라고 생각했는데, 어쩌면 나였을 수도 있는 거예요. 그 후로 내내 혼란스러웠어요. 나는 왜 지금까지 사회를, 우리 역사를 모르고 살았지? 내 옆에서 일인데? 나의 일인데?"

그동안 관념적인 개념이었던 '역사'가 생생한 나의 일로 다가왔다. 이후 박건웅 작가는 미대 학생회장을 하면서 한국 현대사에 한 발 더 다가갔다. 작가는 한국 현대사의 숨겨진 이야기들을 그리기 시작했고, 한 장면에 집중하는 회화보다 '이야기'를 전하는 만화 작업을 선택했다. 유대인 학살 사건을 다룬 아트 슈피겔만의 그래픽노블 《쥐》를 읽은 후 만화의 힘을 믿게 된 것이다.

흑백 목판화의 느낌이 나는 박건웅 작가의 그래픽노블은 미학적으로도 매우 뛰어나다. 직접 펜으로 그린 흑백 그림은 강렬할 뿐만 아니라 선과 악, 적과 아군, 생과 사, 옳음과 그름, 천국과 지옥, 고통과 기쁨을 직관적으로 느끼게 한다. 강력한 흑백 목판화가 큰 역할을 했던 80년대와 90년대 민중미술을 떠올리게 한다는 기자의 질문에 작가는 의외의 답을 했다.

"흑백 목판화가 힘이 있죠. 어둠에서 빛을 파내는 것 같죠. 그런데 제 만화가 민중미술과 현실 참여, 사회 고발과 역사 문제를 다룬다는 점에서 맥을 잇는다고 볼 수도 있지만, 그것보다는 제가 하고 싶은 이야기를 제일 적합하게 다룰 수 있는 매체로서 만화의 표현 방법을 확장했다는 게 더 정확합니다. 그리고 검정이 다 같은 검정이 아니에요. 다양한 색깔이 섞여 검정이 되잖아요. 검정 안에서 어떤 색을 읽어 내는가. 그건 독자의 몫인데 오히려 컬러로 너무 구체적으로 그리지 않으니까 그런가. 해석의 여지가 많아서인가 더 많이 상상하고 더 많이 느끼시더라고요.
그리고 제가 만화를 계속 흑백으로 그리는 더 큰 이유는 단순합니다. 제작비 때문이죠. 제 이야기는 500쪽 600쪽을 막 넘어가거든요. 전체 컬러로 찍기엔 제작비가 너무 들어서 출판사 부담이 너무 커요. 안 그래도 이런 책은 잘 팔리지도 않는데. 그래서 흑백으로 합니다."

박건웅은 성실하고, 성실하고, 성실한 작가이다.

500쪽이 넘어가는 책이라니! 어디 제작비만 부담일까. 그 많은 분량의 작업을 작가는 어떻게 해내는 것일까. 부천의 한국만화영상진흥원에 있는 박건웅 작가의 작업실 벽에는 A4 두 배 크기인 A3 크기 만화 원화들이 가득 붙어 있다. 컴퓨터로 후반 보정 작업을 하지만 일단 모두 직접 그린다. 적어도 하루 열 장 이상을 그린다. 집과 작업실만 왔다 갔다 한다는 말이 과장이 아니겠다. 그래도 하루 열 몇 장씩 작업하는 건 너무 비인간적인 작업량 아니냐는 우스갯소리에 작가가 정색을 했다.

"그렇게 해야 하고 싶은 이야기를 다 그립니다. 구도를 어떻게 잡고 어떻게 표현할까 이거 저거 시도해 보지도 않아요. 제 머릿속에서 이미 다 시도해 보고, 고민 끝내고 이거다 하고 딱 잡아서 그립니다. 바둑도 그렇죠. 머릿속에서 경우의 수를 다 해 보고, 진짜 놓는 건 한 번이잖아요. 그림도 그렇습니다. 20년 넘은 프로인데, 할 수 있어요. 해야죠."

소위 말하는 B컷도 없다고 했다. 이번엔 진지하게 그 비결을 물었다.

"비결이요? 음… 평소에 '컷트'를 잡아서 사물을 보는 거예요. 그냥 쭉 눈에 들어오는 대로 보는 게 아니라 커트 커트 잘라서 본다고 해야 할까요. 이 순간을 그린다면? 이 프레임으로 하면 되겠다 생각하면서 보는 방법을 훈련해 놓는 거죠. 사진기를 들고 있지 않지만, 늘 사진을 찍고 있어요. 그렇게 골라둔 커트들 속에서 작업에 필요한 장면을 꺼내는 거예요.

그리고 무엇보다 작업 속도를 맞춰야 하니까요. 2024년이 세월호 10주기예요. 그림책 《세월 1994~2014》를 내고, 1년 후에 SF 그래픽노블 《낙원》을 냈어요. 100년 전 화성 여행을 떠났다가 우주에서 실종된 아이들을 찾아서 늙은 부모들이 직접 떠나는 얘기인데, 이 책도 450쪽이 넘거든요. 가급적 10주기에 가깝게 내고 싶어서, 하루에 적어도 열다섯 장은 그렸어요."

만약 박건웅 작가를 설명하는 세 단어를 기자더러 고르라면 이렇게 하겠다. 박건웅은 성실하고, 성실하고, 성실한 작가이다. 자신이 하고자 하는 일을 위해 다른 것을 다 접어야 한다면 다 접는 작가이다. 술도 담배도 하지 않는다. (근래 소일거리가 하나 있다. "움켜쥐는 것보다 버리는 것이 더 중요해요."라고 비결을 일러주는 경지의 취미. 바로 딸 때문에 시작한 '인형 뽑기'!)

한때는 밥도 메뉴를 정해 놓고 먹었다. 그래서 그림책 《세월 1994~2014》도 빠른 시간에 해낼 수 있었다. 세월호 10주기는 2024년인데 문은아 작가의 글을 만났을 때는, 이미 23년 가을이 끝나가는 무렵이었다. 다들 불가능하다고 했던 일정이었다.

오랜만의 컬러 작업이었다. 작가는 비극과 대조적이어서 더욱 아름답고도 슬펐을 바다 윤슬과 파도의 포말을 표현하기 위해 하나하나 점을 찍고 싶었다. 그래서 아크릴 그림을 수십 장 한꺼번에 펼쳐놓고 그리기 시작했다. 그래서 도화지 여러 장을 한꺼번에 펼쳐 놓고 그림을 그리기 시작했다. 여기 점을 찍고 마르는 동안 저기 찍고 하며 말이다. 그렇게 수십 장의 그림을 완성했다.

불길한 징조를

보내

구조를 요청했다.

《세월 1994~2014》는 세월호 배의 입장에서 사건을 그린 작품이다. 세월호의 일본 이름은 나미노우에호. '바다 위'라는 뜻의 이 배가 바다 아래로 가라앉기까지 무슨 일이 있었던 것일까. 18년 넘게 일본의 남쪽 바다를 오가며 이미 수명이 다한 배였지만, 선박 운행 기간을 더 길게 잡은 이웃 나라 한국으로 팔려 갔다. 더 많은 화물과 사람을 태우기 위해 함부로 뜯기고 떼이고 덧붙여졌다. 배는 균형이 틀어지고 무게 중심이 흔들렸지만 안전검사가 허술하여 별문제 되지 않았다. 그날까지는.

표지를 보면 기우뚱한 액자가 보인다. 배가 어엿하게 떠 있는 것 같지만 액자를 바로 세우고 보면 이미 기울기 시작했다. 표지를 넘기면 하얗고 커다란 배가 항해를 하고 있다. 넓고 잔잔한 바다 위에서 이미 기울기 시작한 줄도 모르고.

"구체적인 아이들의 표정을 그리는 것보다 커다란 바다에 떠 있는 배 자체를 보여주고 싶었어요. 배에 어떤 일이 일어났는지 우리 모두가 목격하고, 기억해야죠. 감정은 마지막에 가서 터뜨리면 됩니다. 가지 못했던 아이들을 아름다운 제주에 도착하게 해주고 싶었어요. 노란 리본으로 뒤덮고 울부짖는 사람들의 이미지를 그리지 않으려고 했는데, 마지막엔 결국 노랑이 됐네요."

기자가 사고가 나서 바다가 일렁이는 장면에서 포말 속에 사람이 있다고 가리켰다.

"여기에 사람이 있다고 말하고 싶어서 제가 숨기듯 그렸는데, 독자들이 알아봐 주니까 너무 신기합니다."

작가가 독자들이 알아차려 주기를 바라며 그린 장면은 또 있다. 칸마다 떠 있는 달을 보면 시간의 흐름이 느껴진다. 여러 날에 걸쳐 기록한 이 배는 칸마다 어긋나 있다. 세월호가 겉으로는 멀쩡해 보이지만 사실은 이미 균열이 시작되었음을 보여 주는 장면이다.

작가가 가장 애정을 가진 장면이 있을까? 노을 지는 배경으로 바닷속에서 인양된 세월호가 서 있다.

"배가 시대를 응시하는 장면이라고 생각했어요. 남겨진 우리들에게 배가 경험했던 역사, 그 시간들을 이야기하고 있달까요."

어쩌면 이 그림은 박건웅 작가의 모습인지도 모르겠다. 시대를 응시하는 눈. 사람들에게 잊지 말라고, 기억하라고 일러 주는 묵직한 존재 말이다. 노을 속에 서 있는 작가의 모습을 떠올리자니 세월호를 두고 왜 사람들이 고래라고 했었나 새삼 떠오른다. 누군가가 그랬다. 어미 고래가 새끼를 낳으면 새끼 고래를 온몸으로 밀어 바닷물 바깥으로 올려 숨 쉬게 하는 것처럼, 이 참사의 진실을 끌어올려 밝혀지기를 바라는 마음을 담았다고 말이다.

여기 어미 고래처럼 거대하고 생명력 넘치는, 깊은 곳의 진실을 바다 위로 밀어 올리는 작가가 있다. 박건웅 작가는 그림책이 어린이와 어른 모두에게 시대의 아픔과 희망을 건네는 열쇠가 될 수 있음을 보여준다.

더 많은 이에게 그 열쇠가 쥐어지기를. 그리하여 우리가 함께 새로운 역사를 열 수 있기를 바란다.

BIB 2025 황금사과상 수상 소감

비극적인 사건을 어린이에게 이야기하는 방법

글 · 박건웅

띠리릭~

상갓집에 가는 운전 중에 외국에서 걸려 온 국제전화 벨 소리를 들었습니다. 평소에 오지 않던 전화라 당연히 보이스 피싱이라 생각해 받지 않고 수신 차단했지요. 그날 저녁 늦게 돌아와 해외에서 온 몇 통의 메일을 봤습니다. 자주 오던 프랑크푸르트 도서전 홍보 메일과 그 외 알 수 없는 영문 메일이어서 전부 휴지통에 넣어 버렸지요. 하지만 그때 뭔가 이상함이 느껴져 알 수 없는 메일을 열었더니 BIB 황금사과상을 수상했다는 축하 메시지였습니다. 기쁨보다는 사실 그 메일을 보고도 한참이나 이게 진짜일까 의심했습니다. 혹시 내 정보를 누군가 해킹해서 들여다본 후 사기 치는 것이 아닐까? 요즘 개인정보유출 사고가 자주 일어나는 한국 사회의 한 단면을 보는 것 같았습니다. 결국 다음날 출판사를 통해 사실 확인이 된 후 무엇보다 가장 먼저 생각나는 것은 아버지였습니다. 2023년 이 그림 작업을 하고 있을 당시 돌아가셨기 때문입니다. 작년 그림책상에 이어 아버지께서 또 큰 선물을 주신 것만 같았습니다.

만화를 25년 그려 오는 중인데 만화상보다는 그림책으로 수상을 하게 되어 기이하다는 만화가 지인들의 축하 메시지도 들었지만 결국 모든 이야기들은 큰 강을 따라 하나로 흐른다고 생각했습니다. 일러스트레이션을 한국에서는 그림이라고 부릅니다. 그림은 '그리워하다'의 준말이라고 하는데 이번 그림에서 그리움이란 주제의 의미를 찾다 보니 좋은 평가를 주신 것 같습니다.

"비극적인 사건을 사려 깊은 방식으로 다룸으로써 어린이에게 이야기할 수 없는 주제는 없다는 점을 증명했다."

심사평을 남기신 국제 심사 위원이신 호세프 안토니 타시에스 페네야님의 말씀이 인상 깊었습니다. 비록 서로의 나라와 언어는 다르지만, 그림이라는 의미로 함께 공감하고 소통할 수 있다는 것이 신기하고 기뻤습니다. 사실 그동안 한국 현대사의 어두운 이면을 보여 주는 작업을 해 왔던 터라 무거운 역사와 사회적 아픔을 다룬 소재는 어린이 그림책에서는 회피하는 경향이 있을 것이라는 생각을 잠시 했습니다. 그러나 그것이 나의 잘못된 고정관념이며 확장하는 그림책 세상에서는 기우였다는 것을 깨달았습니다. 그리고 그림책에서도 사회 역사적인 주제와 죽음과 삶의 가치에 대해 충분히 보여 줄 수 있다는 가능성과 자신감을 갖게 되었습니다. 그림이야말로 세대의 장벽을 뛰어넘고 오감을 아우르는 또 하나의 언어라고 생각했습니다.

이 책의 시작을 열어 주신 문은아 작가님과 노란상상 출판사에 깊이 감사드립니다. 누군가를 그리워하고 기억한다는 의미에서 그림은 보여지는 것 이상으로 고통스럽고 절망에 빠진 많은 사람을 위로하기도 합니다. 참사에 대한 트라우마 속에서도 더 이상 이런 비극이 되풀이되지 않도록 재난 없는 세상을 위해 외롭게 싸워 온 세월호 유가족분들께 이 상의 영광을 돌리는 게 마땅하겠습니다. 비록 작은 그림이지만 사랑하는 가족을 잃은 많은 사람이 이 그림을 통해 조금이나마 위로받고 공감하셨기를 진심으로 바랍니다.

세상의 나뭇잎은 전부 똑같아 보이지만 자세히 보면 전부 다르다고 합니다. 서로 다르지만 조화롭게 번영해 광대한 숲을 이루듯 경계를 넘어 지구라는 세상을 더욱더 아름답게 만들어 나가는 일에 그림책 작가들이 함께했으면 좋겠습니다.

진심으로 감사드립니다.

논픽션 그림책의 아름다운 세계

"세상은 아름답고 재미있어!"
작가의 생각이
곧 작가의 책이다

김유대

에디터 | 표유진

논픽션 그림책에 마음이 움직일 때
논픽션 그림책을 좋아한다. 단번에 시선을 사로잡는 그림과 인간의 호기심을 자극하는 지식이 만날 때, 마음이 먼저 움직인다. 모든 정보를 다 알지 못하더라도 "이 책만은 내 곁에 두고 싶다"는 충동이 일어난다. 감성과 이성, 주관성과 객관성이 절묘하게 만나는 순간, 책은 정보의 매개체를 넘어 '아름다움'이 된다. 인간의 몸을 정교하게 그려 내며 신체의 비밀을 들려주고, 우주의 신비를 황홀하게 펼쳐 보이며 과학의 경이로움을 속삭이는 책들처럼 말이다.

정보와 함께 아름다움과 재미까지!
두 마리 토끼를 한꺼번에 잡기란 쉽지 않다. 많은 그림책들이 정보 전달에는 충실하지만, 그림이 가진 예술적 매력을 충분히 살리지 못하는 경우가 많다. 어린이 책을 만들던 시절, 나 역시 그 어려움을 깊이 느꼈다. 가치 있는 정보를 찾고 어린이의 언어로 풀어내는 일만으로도 긴 시간이 걸렸다. 거기에 예술성 높은 그림까지 더하는 건 정말 어려운 일! 그래서 《이런, 멋쟁이들!》을 처음 보았을 때 감동을 할 수 밖에 없었다. 커다란 판형 속 시원하게 그려진 딱정벌레는 "어서 와, 이런 아름다움은 처음이지?"라고 말하는 듯했다. 좋은 논픽션 그림책의 시작은 바로 '궁금함'이다. 수십 배로 확대된 생명의 자태가 궁금함을 넘어, 첫눈에 반하는 감각으로 독자를 이끈다.

거대한 딱정벌레가 지키고 있는 작업실
경기도 안양에 위치한 김유대 작가의 작업실을 찾았다. 환하게 웃으며 문을 열어주는 작가의 밝은 에너지가, 그림책 속 주인공들과 똑 닮아 나도 모르게 웃음이 났다. 이번 인터뷰 주제는 논픽션 그림책이지만, 사실 김유대 작가는 《마법사 똥맨》, 《콩가면 선생님이 웃었다》, 《도토리 사용 설명서》, 《싸움 괴물 뿔딱》 등 수많은 창작 동화와 그림책에 개성 넘치는 그림을 그려왔다. 그래서 글과 그림을 모두 작업한 《이런, 멋쟁이들!》의 제작 과정이 더욱 궁금했다.
작업실에 들어서자 초대형 딱정벌레 그림이 시선을 사로잡았다. 국내에서 제작 가능한 가장 큰 사이즈로 만들어진 책도 멋졌지만, 작가의 키만한 원화는 감동 그 자체였다. 가장 작은 존재가 거대하게 그려진 그림 앞에 서자, '이 원화들은 반드시 전시되어야 한다'는 생각이 들었고, 동시에 '스캔도 어렵고 촬영해서 디지털로 만들기 힘들었겠다'는 현실적인 고민도 떠올랐다.
"원화 작업하는 기간도 오래 걸리고, 책으로 만드는 데도 많은 공이 들어갔겠어요?"라고 묻자, 작가는 활짝 웃으며 말했다. "십여 년 전부터 시작한 것 같아요. 그런데 너무 재미있었어요!"

작가의 취미가 그림책이 되기까지

인터뷰를 하는 동안 내가 가장 많이 들은 단어는 '재미있다'였다. 작가는 어린이 책에 그림을 그리는 것도, 독자를 위한 그림책 굿즈를 만드는 일도, 마라톤, 스킨스쿠버, 주짓수, 등산 같은 취미도 모두 너무 재미있다고 했다. 딱정벌레를 주인공으로 선택한 이유 역시 재미있어서인데, 세상에 대한 호기심으로 가득 찬 작가의 눈이 반짝반짝 빛이 나는 것 같았다.

"이 책의 시작은 10여 년 전이에요. 저는 성격이 천방지축에 호기심이 많아서, 이것저것 해 보고 싶었죠. 당시 산에서 하룻밤 자 보고 싶은 마음에 백패킹을 시작했어요. 그런데 첫 산행에서 15kg의 배낭을 메고 산을 걷는데, 이거 다시는 못하겠다 싶더라고요. 그저 무사히 내려오길 바랐죠. 그런데 운명이었나 봐요. 하필 텐트를 친 곳이 너무 아름다운 거예요. 텐트에 비친 억새 그림자가 춤을 추듯 움직이고, 노을과 별이 너무 예뻤어요. 아침 햇살 속에서 벌레들이 꼼지락거리는 모습도 발견했죠. 너무 신기해서 계속 바라보다가, 그림을 그렸어요."

그렇게 시작한 벌레 그리기가 바로 이 책의 출발점이었다. 작가는 작고 눈에 잘 띄지 않거나, 징그럽거나, 무섭다고 여겨지는 벌레 속에서도 자신만의 움직임으로 춤추듯 빛나는 생명을 발견했다. 그림을 그리며 '작은 것이 품고 있는 커다란 에너지를 그림으로 보여주자. 자세히 보아야만 보이는 세상을 아이들과 나누자!' 생각했다. 그렇게 《이런, 멋쟁이들!》이 탄생했다. 바쁜 현대 사회에서 어른들의 감각은 무뎌지지만, 아이들은 다르다. 줄지어 지나가는 개미와 나뭇가지에 걸린 거미줄을 오래 바라보며 규칙과 아름다움을 찾아낸다. 김유대 작가는 아이들의 시선과 상상을 자신의 삶 안에서 매일 경험하며, 그것을 그림으로 풀어냈다.

매일매일 그림을 그리는 삶, 김유대, 이런 멋쟁이!

작가는 2013년 산에서 그린 벌레 드로잉부터, 연희창작센터에서 초대형 원화를 작업한 모습, 여행 중 돌과 나뭇가지로 만든 다양한 캐릭터까지 수많은 자료를 나에게 보여주었다. 그 양이 어찌나 많은지, 단번에 이야기를 찾고 기록하는 작가의 성실함을 알 수 있었다. 그리고 무엇보다 모든 자료가 재미있었다. 나는 그 생생하고 에너지 가득한 이야기를 어떻게 인터뷰에 담을지 고민하다, 작가님께 부탁을 드렸다.

"작가님, 직접 들려주세요. 이 책이 어떻게 만들어졌는지, 작가님의 글과 그림으로요!"

이 자리를 빌려 어려운 부탁을 흔쾌히 들어주신 작가님께 깊은 감사를 드린다. 그럼 이제부터 김유대 작가가 들려주는 발랄하고, 재미있고, 아름다운 이야기를 만나 보자!

> BIB 2025 한국 출품작

《이런, 멋쟁이들!》 김유대 글·그림, 이야기꽃
우리 주변에서 흔히 볼 수 있는 딱정벌레들을 자세히 살펴보고 이를 커다란 그림으로 확대해 보여 주는 논픽션 그림책이다. 작은 벌레 안에서 아름다움을 발견하고 상상의 이야기를 꺼내 보여 준다. 더불어 딱정벌레의 생태적 특성들도 어렵지 않고 재미있게 설명하고 있다. 딱정벌레의 특징을 가장 정확하게 보여 줄 수 있는 각도와 자연을 재현한 색깔, 도감 형식이지만 지루하지 않게 구성된 편집 디자인이 독보적으로 아름다운 그림책이다. 2025년 대한민국 그림책상 논픽션 그림책 대상을 수상했다.

안녕하세요? 저는 그림책 작가 김유대입니다. 제 소개를 할게요.

작가소개: 자화상

이름: 김유대

성격: 수줍어서
말을 잘 못한다.
친구들을 좋아한다.
덤벙댄다.

취미: 등산을 좋아한다.
운동하는걸 좋아한다
여행하는걸 좋아한다

특기: 그림을 엉가닥하게
못그리는거 같은데
가만히 들여다 보면
잘 그리는것 같다.

만든책: 그림책《이런, 멋쟁이들!》
《강아지 키우기 대작전》을 지었고,
《들키고 싶은 비밀》《나도 예민할거야》등의 동화책과
《선생님 과자》《강아지 복실이》《별별남녀》등의 그림책에 그림을 그렸다.

《이런, 멋쟁이들!》은 제 책중에서 가장 작은 녀석들이 주인공인 책이에요. 하지만 책 크기 만큼은 가장 커다랗죠. 지금부터 조그만 딱정벌레들이 우주를 담을 만큼 커다란 그림이 된 이야기를 들려 드릴게요!

시작은 등산! 저는 산에 오르는걸 좋아해요. 왜냐하면 산을 오르면 구름도 가깝고 떠오르는 태양이랑 별똥별도 만나고 바람과 나뭇잎 그리고 벌레소리도 들리거든요.

산에 오르면 보이는 풍경, 나무와 꽃을 그려요.

돌이나 나뭇가지로 재미있는 캐릭터도 만들고요.

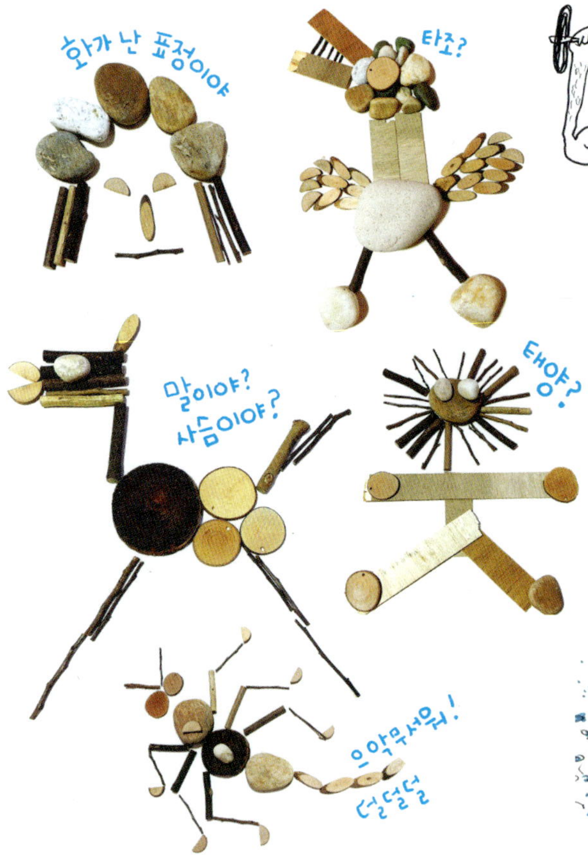

산에서 만난 온갖벌레들을 세상에 하나뿐인 친구들로 만들기도 해요.

특히 딱정벌레는 제가 정말 좋아하는 친구들이에요.
아침 햇살을 받은 작은 딱정벌레를 자세히 들여다 보면 반짝반짝 살아있는 보석 같아요. 딱정벌레가 움직이는 모습은 또 얼마나 재미있는데요. 이건 자세히 본 사람만이 알 수 있어요.

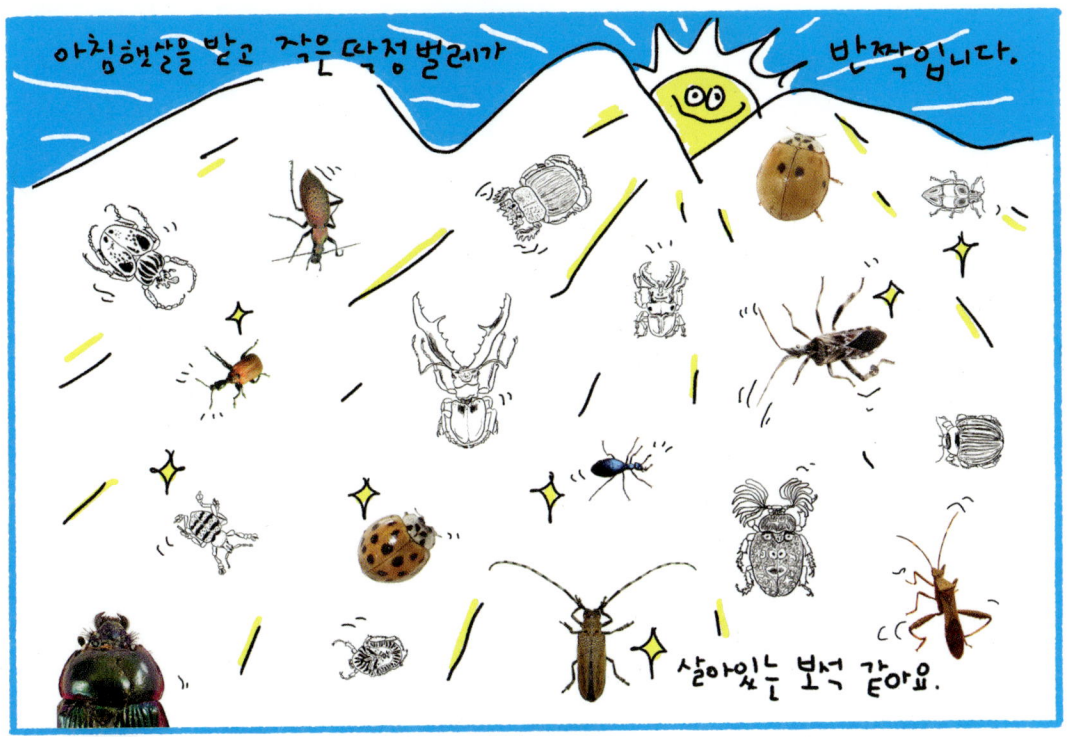

자 보세요! 정말 멋지게 생겼죠?
저마다 신비한 능력도 지니고 있어요.

그래서. 결심했죠! 그래 딱정벌레를 그리자!
그냥 그리지 말고 크게 그리자! 엄청 크게 그리자! 작은 딱정벌레의 힘찬
기운과 에너지 넘치는 생동감을 표현하고 싶어서 크게 그리기 시작했습니다.

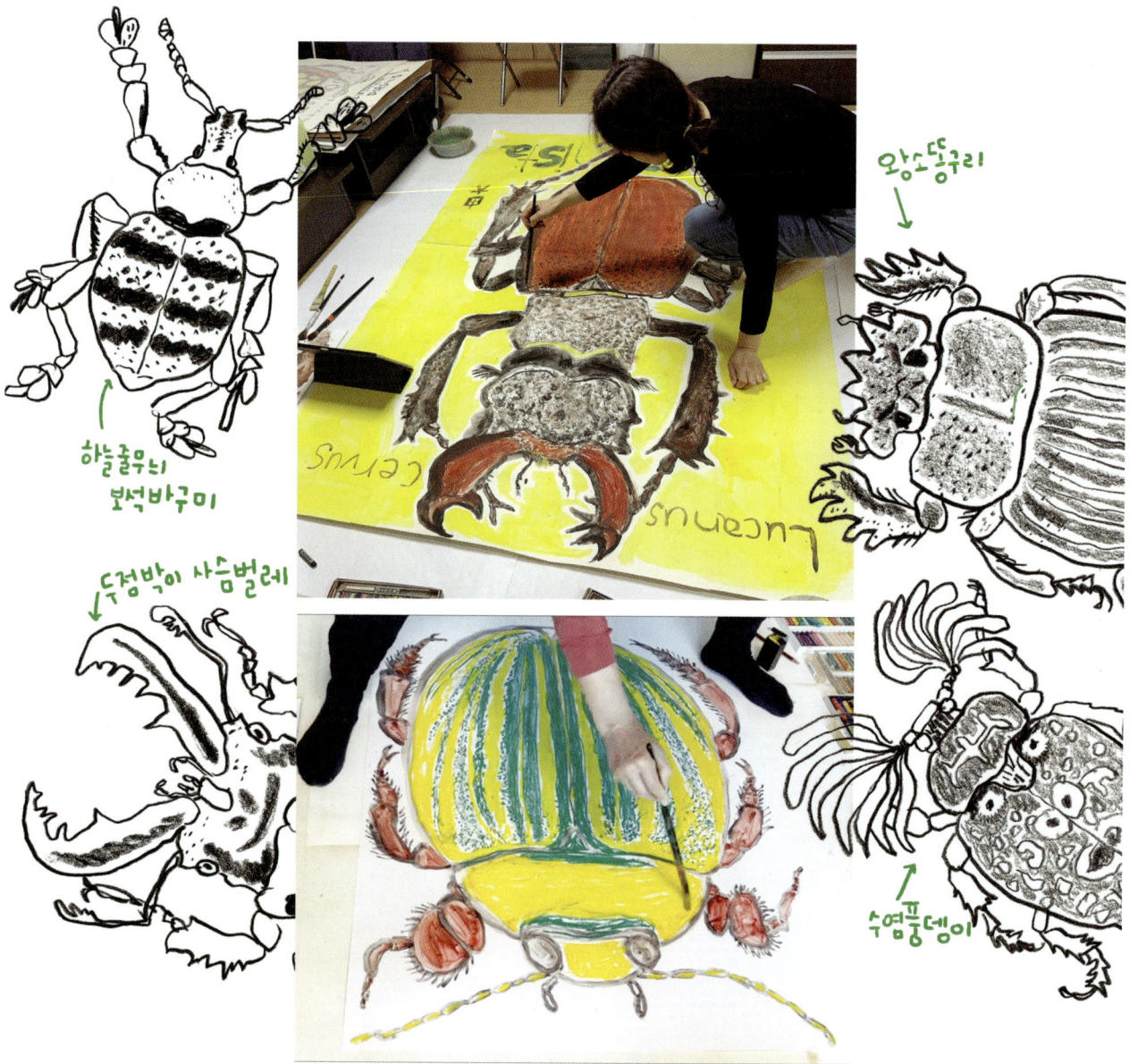

크게 그리다 보니 작은 딱정벌레가 담고있는 또다른 이야기 세상이
보이기 시작했습니다.

하루는 작업실에 놀러왔던 친구가 바닥에 있던 그림을 실수로 밟았어요.
밟은 자국을 들여다 보는데, 어? 딱정벌레 안에 또 다른 세상이?

"마그마같기도하고, 바위같기도하고"

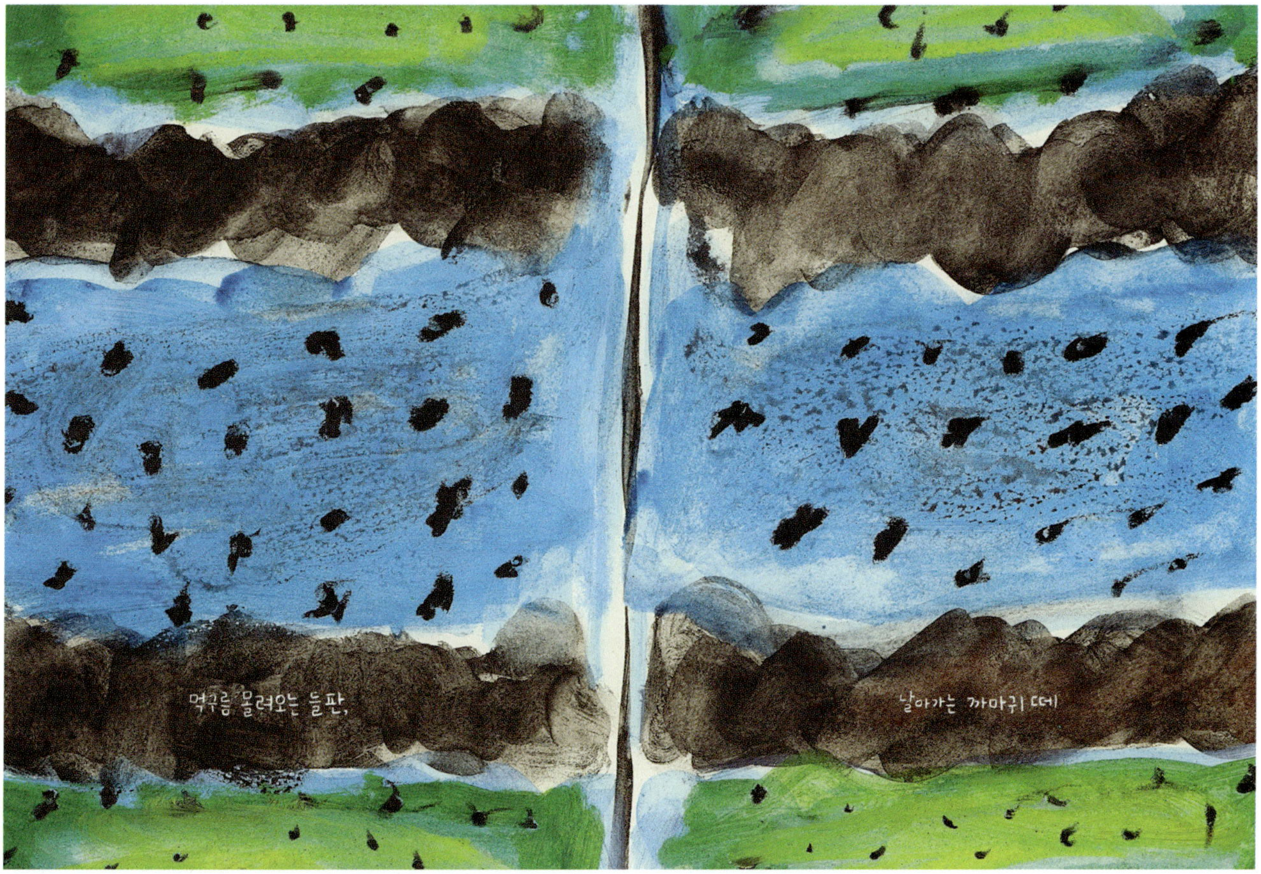

먹구름 몰려오는 들판,

날아가는 까마귀 떼

사람들의 생김새가 제각각 다양한 것처럼,

딱정벌레도 모두 다른 얼굴을 갖고 있답니다! 《이런, 멋쟁이들!》에서 만나보세요!

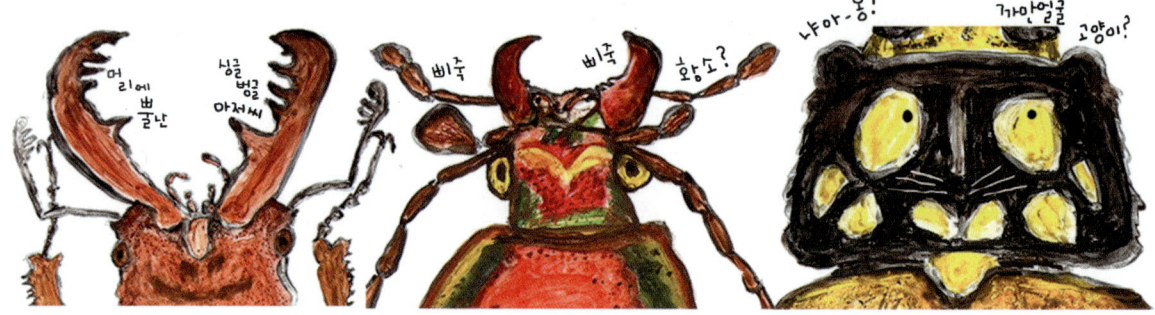

경계를 찢고 확장되는 그림책의 세계

낯설게 시작해
중독으로 이어지다
그림책의 경계선에서
끝없이 달려 나가는

소윤경

에디터 | 오현수

소윤경 작가의 그림책은 한마디로 소개하기 어려운, 폭넓은 스펙트럼을 보여 준다. 단색 연필화에서 화려한 아크릴화, 펜화에 디지털 작업까지, 다양한 화풍은 독자에게 보는 즐거움을 준다. 작가는 캔버스 회화에서 출판 일러스트레이션까지 넘나들며 그림책 작가로서 자신만의 세계를 만들어 왔다.

작가의 실제 반려 거북이의 모험 이야기를 따스하고 유머러스하게 담아낸 첫 작품 《내가 기르던 떡붕이》는 작가 일인극과 함께 어린이 독자의 사랑을 꾸준히 받아 왔다. 그 후 작가의 연이은 도전적인 작품 세계는 독자에게 충격과 낯설음, 때론 당혹감으로 다가선다. 인간의 폭력성을 먹거리에 빗댄 《레스토랑 SAL》은 충격적인 내용과 그로테스크한 표현으로 2013년 출간 당시엔 항의도 있었지만, 요즘엔 다함께 읽는 동물권 그림책으로 추천되고 있다. 반면 순정만화 같은 표지에 밀도 있는 공포를 담아낸 《수연》은 독서 지도가 필요한 잔혹 그림책으로 분류, 따로 보관하는 도서관도 있다. BIB 2025 한국 대표 출품작으로 선정된 《영원의 얼굴》은 옛이야기 속 인물들이 현대의 인물들로 재해석 되었는데, 예술가로서 작가의 정체성이 뚜렷이 드러난 작품이다.

한국 그림책이 성장하고 황금기를 이루어가는 동안, 0~100세, 모두의 그림책을 지향하는 경계선 제일 끝에서 작가는 익숙한 방식을 비껴가며 새로움을 찾아 계속 달리고 있다. 소윤경 작가에게 《영원의 얼굴》을 비롯한 그림책 이야기를 들어 보자.

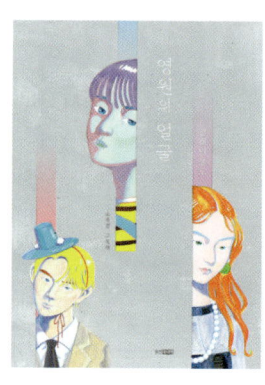

BIB 2025 한국 출품작

《영원의 얼굴》 소윤경 글·그림, 웅진주니어
《영원의 얼굴》은 심청, 흥부, 춘향 등 이름만 들어도 다 아는 옛이야기 속 40인이 들려주는 속내 이야기는 낯설고 새롭다. 용왕의 병을 이용해 한몫 잡고 싶은 사기꾼 토끼, 대리 시험으로 장원급제하고 발목 잡힐까 걱정하는 바람둥이 이몽룡, 아무도 죽음을 말려 주지 않자 극단적인 자기애로 끝까지 강행하는 심청 등, 현시대의 외양을 한 인물들은 감춰졌던 자기 속마음을 입체적이고 생생한 목소리로 들려준다. 어딘가 친숙한 얼굴의 고민과 욕망 속에서 나 자신의 모습, 이 시대의 이야기를 재발견하게 된다.

'영원의 얼굴', 그림책에 시대의 얼굴을 담다

밝고 다채로운 색상의 아크릴화는 아는 이의 팝아트 인물화를 보는 듯 친근함을 더한다.
현대적 꾸밈새의 인물들은 세월의 간극을 뛰어넘어 인간 본연의 고민과 감정을 드러낸다.

토끼	이몽룡
심청	팥쥐

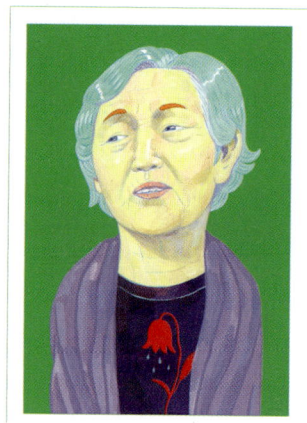

《영원의 얼굴》은 제본선을 사이에 두고 전래 인물의
속마음을 담은 글과 현대인 모습의 초상화가
나누어져 있습니다. 이렇게 구성한 이유가 있을까요?

출발점은 전래 이야기에 기반한 작업을 전제로 한 '바캉스 프로젝트'(독립출판 그림책 작가 모임)였습니다. 사실 저는 전래 이야기와 그 전형적인 이미지가 너무 식상해 관심이 크게 없었고, 호러나 SF, 판타지처럼 미래적인 세계관에 더 끌려 그런 상상 속 이미지 작업을 즐겨 왔습니다. 하지만 화가로서는 인물화, 풍경화, 정물화, 종교화 같은 전통적인 주제를 새롭게 그려 보고 싶었습니다. 지옥도의 과거와 현재, 미래를 함께 담아낸 《우주지옥》 작업처럼요. 이번에는 전래 인물의 내면 독백과 병치하는 형식으로 현대 인물의 초상화로 풀어내 새로운 그림책의 틀을 만들고자 했습니다.

책 제목이 《영원의 얼굴》,
부제가 '전래인물도'입니다.
이 제목에는 어떤 의미가 담겼을까요?

인간관계와 심리에 대한 깊은 관심 속에 한국 사회 구성원들의 정신분석, 시대적 집단정신 등 타인을 이해하려 노력했지만, 실망을 많이 했던 때가 있었습니다. 나르시시즘이나 회피적 성향 같은 인격 문제를 주변에서 자주 마주치며 상처받았던 것에 주목해, 결국 이런 인간 군상은 시대와 장소를 막론하고 늘 존재함을 깨달았습니다. 역사적으로 화가는 시대를 대표하는 인물들을 인물화로 담았는데, 실존 인물을 사실적으로 그려내는 초상화와 달리 인물화는 인간의 내면을 드러냅니다. 저는 전래 이야기 속 인물들을 이야기 속 대표적 장면 재현보다는 매일 마주하는 자신과 타인의 얼굴을 통해 내면을 이야기하는 현대적 시각의 인물화로 표현하고 싶어서 '전래인물도'라는 부제를 붙였습니다.

제목인 《영원의 얼굴》은 과거부터 이어져 온 한국인의 얼굴에 전래 인물의 내면을 함께 담아서 과거, 현재, 미래에도 이어질 영원한 한국인의 기질을 담은 현대 인물화로 그려 보고자, 조각가 권진규 선생님의 〈지원의 얼굴〉에서 영감을 받아 이름 붙였습니다.

결국 이 책 속 인물들은 옛 시대와 현대의 간극을 뛰어넘어 인간 본연의 고민과 감정을 드러냅니다. 오랜 세월 전해 내려온 이야기가 여전히 오늘날 우리에게 읽히는 이유도 그 속에서 발견되는 고민이 오늘날 우리의 모습과 크게 다르지 않기 때문입니다.

40인의 인물화를 한 장 한 장 보노라면
마치 아는 사람의 프로필 사진을
보는 듯 친숙합니다. 할미꽃 할머니는
탤런트 김영옥 씨 같기도 하고요.

사실 전혀 본 적 없는 얼굴을 그려 넣는다면 사람들은 인물의 심리를 느끼기 어렵습니다. 누군가를 닮은 것처럼 보이지만, 감정을 불러오기 위해 여러 변형을 거친 장치입니다. 어디선가 본 듯한 인상에 독자는 친근감을 느끼고, 그 얼굴에 담긴 내면의 목소리에 더 쉽게 공감하게 됩니다.

《영원의 얼굴》은 다채로운 색감을 감상하는
재미가 쏠쏠합니다.
도화지 같은 종이에 인쇄한 것도 눈에 띄고요.
원화의 본래 느낌을 담아내기 위해서
어떤 과정을 거치셨나요?

한국인의 얼굴을 담아내는 이 책의 인쇄 품질을 최대한 끌어올려 소장 가치 있는 인물 화첩 같은 책을 만들고 싶었습니다. 그래서 평소 원화의 70% 정도만 출판물로 구현돼도 무난하다고 생각했지만 《영원의 얼굴》은 원화를 그림책 속에 온전히 담아내는 것을 목표로 했습니다.

그러기 위해 먼저 디지털 촬영과 정밀 드럼 스캔* 작업한 것을 디자이너와 원화를 직접 대조해 가며 컬러링을 맞췄습니다. 그리고 색채 분판사*가 컬러 분판, 특수잉크 조색, 인쇄까지 함께 감리해 색감을 구현했습니다. 스케치북과 가장 유사한 인쇄지를 선택해 회화 같은 질감도 살렸고요.

일반 인쇄의 두 배에 달하는 잉크가 쓰였지요. 웅진주니어의 아낌없는 지원 덕분에 가능했습니다. 그림책 원화 전시도 중요하게 생각하는 저에게 《영원의 얼굴》은 그림책과 회화의 경계를 잇는 작은 시도였고, 앞으로 더 많은 그림책이 예술 작품으로 자리매김하길 바라는 마음이 담긴 결과물입니다.

★ **드럼 스캔**: 원화를 투명 원통형 드럼에 고정하고 고해상도로 스캔하는 방식이다. 이미지를 왜곡 없이 구현하고 색 재현력이 뛰어나 색조, 명암, 선명도를 정밀하게 잘 포착한다.

★ **색채 분판사**: 색채 분판사는 원화의 RGB 데이터를 프로그램 변환한 CMYK 기본값 인쇄가 아닌, 종이, 잉크, 인쇄 환경 등 많은 변수를 고려해 맞춤형 CMYK 색 데이터로 설계해 원화와 가장 가까운 인쇄 결과를 구현한다.

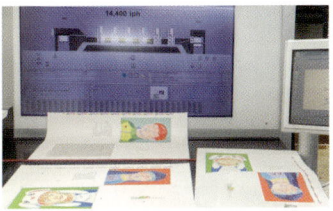

《영원의 얼굴》에 등장한 《장화홍련전》 가족의 속마음 토로 장면은 자연스럽게 《수연》을 떠올리게 한다. 현대판 장화홍련전 《수연》은 재혼가정에서 가족 간의 오해로 깊어지는 감정의 골과 비극적 사고 이후 벌어진 극한의 상황을 가느다란 연필 선을 그리고 수없이 겹쳐 만든 그림으로 담아낸다.

《수연》은 84쪽의 이야기를 글 없이 그림만으로 긴장감 있게 끌고 갑니다. 글 없는 그림책으로 만든 이유와 그렇기에 더욱 신경 쓴 부분이 있을까요?

《수연》
소윤경 글·그림, 웅진주니어

저는 오래전부터 '가족'이라는 울타리가 가장 폭력적인 공간이 될 수 있다고 생각해 왔습니다. 가족을 선택할 수 없는 인간은 노력하고 순응하며 성장합니다. 다른 두 가정이 만나 함께 살아가기로 한 어느 가족에게 일어난 비극을 다룬 《수연》이야기는 《장화홍련전》과 닮았습니다. 다만 전래 이야기처럼 누군가가 악인의 역할을 맡아 만드는 단순한 선악 구도에는 늘 의문을 품어왔습니다.
《수연》은 고전소설 《장화홍련전》에서 모티브를 가져와 순정만화 형식으로 풀어낸 호러 판타지 그림책입니다. 그림책에서는 보기 드문 장르라, 더미북을 보여줄 때마다 편집자들이 난감해했습니다. 흑백 그림책에 대한 국내 독자의 낮은 선호도와 특정하기 어려운 독자 연령대, 불안정한 결말 때문에 이 작품을 적절하지 않다고 판단했을 것입니다.
전작 《레스토랑 Sal》도 처음엔 글 없이 작업했지만, 편집자의 권유로 글을 추가한 경우입니다. 저는 그림만으로도 이야기를 전개하고, 인물의 내레이션을 다른 시각에서 담아내는 방식으로 작업하곤 합니다.
《수연》에서는 만화와 그림책의 중간 형식을 활용해 작업했습니다. 페이지를 넘기는 시간 개념뿐 아니라 칸과 칸 사이에도 흐르는 시간을 담아내어 더욱 극적인 이야기 전개를 만들려 했습니다.

《수연》에서 밀도 높은 연필화를 만날 수 있습니다. 연필화 작업 과정에서 특히 기억에 남는 장면이 있다면 소개해주세요.

연필은 누구나 사용하는 가장 기초적이고 단순한 재료이지만, 동시에 높은 데생력과 숙련된 감각을 요구하는 까다로운 재료입니다. 연필의 이런 양면성을 좋아합니다. 가장 일상적인 도구면서도 깊이와 힘을 지니고 있어 무엇이든 그려낼 수 있으니까요. 연필 작업을 그림책으로 옮기는 과정은 까다롭습니다. 종이 위에 쌓아 올린 연필의 미세한 선과 톤을 담아내기도 어렵고 드럼 스캔을 거치면 원화의 질감이 쉽게 손상됩니다. 오히려 연필 그 특유의 감성이 《수연》의 세계와 가장 잘 어울린다고 느꼈기 때문에 선택했습니다.

"가장 기억에 남는 장면은 주인공 소녀가 절망의 끝으로 달려가는 순간입니다. 누구나 한번은 억울함을 표현하지 못해 죽을 만큼 아픈 깊은 기억과 타인에게 사랑받을 수 없는 존재라 느낄 때 찾아오는 깊은 절망이 있습니다. 가장 뜨겁고, 가장 아프게 자신을 마주하는 순간일지도 모르는 그 극한의 감정을 그림으로 붙잡고 싶었습니다. 그런 순간을 견뎌내야만 내면이 단단해지고, 더 성숙해질 수 있다고 믿기 때문입니다."

**2009년 《내가 기르던 떡붕이》 이후
총 8권의 그림책 모두 다른 재료와
스타일을 선택한 이유가 궁금합니다.**

저는 이야기가 정해지면 그에 가장 적합한 스타일과 재료를 찾는 데 오랜 시간을 들입니다. 한 가지로 정착하면 기술적 숙련도와 표현력이 완숙해질 수 있겠지만, 저는 같은 이야기의 연장이 아니라면, 새 작품에는 매번 새로운 캐릭터와 아이덴티티를 부여하려고 합니다. 늘 "이번에는 또 다른 세계다"라는 것을 보여주고 싶습니다. 회화를 전공한 제 그림은 다소 무겁게 느껴지곤 합니다. 인쇄에는 가볍고 경쾌한 스타일이 적합하지만, 저는 유행하는 방식과 반대로 가는, 일종의 반골 기질이 있습니다.

《내가 기르던 떡붕이》
소윤경 글·그림, 시공주니어

《레스토랑 Sal》
소윤경 글·그림, 문학동네

《내가 기르던 떡붕이》는 펜 그림에 수채화나 동양화 물감을 가볍게 입힌 스타일이 유행이던 시절, 당시엔 거의 쓰이지 않던 아크릴물감으로 그렸습니다.
《레스토랑 Sal》은 만화적 구성을 도입하고, 펜과 연필, 일부엔 빨간색 마커를 사용했습니다. 실험적인 내용과 형식뿐만 아니라 당시에 가장 큰 판형을 시도한 작품이었습니다.
《콤비 Combi》는 종이 최대 크기인 A0 아루쉬지에 드로잉 작업한 전시용 대형 회화 작품을 화첩 형식의 그림책으로 옮기고 나중에 판타지 소설을 압축한 글을 붙인 작품입니다. 《콤비 Combi》의 드로잉 원화는 미술관 전시에 꾸준히 초청되었습니다.
《청동 투구를 쓴 소년》은 인물을 색연필로 마음껏 그려보자고 결심하고 만든 책입니다. 온갖 색연필과 지류를 사들이며 적합한 기법을 찾기 위해 드로잉을 수없이 반복했습니다. 청동 투구의 이야기는 제 상상의 산물이 아니기에, 전쟁과 역사, 손기정 선수의 이름에 누가 되지 않기를 바라며 독자들에게 더욱 친절하게 다가가고자 했습니다.
저는 아크릴과 과슈, 색연필, 수작업과 디지털을 혼합하는 등 다양한 시도를 계속 이어왔습니다. 최근 그림책에는 디지털 작업의 창작물들이 많아지는 경향이지만 저는 되도록 수작업을 고수하려고 합니다. 작품에 맞는 작업 재료와 스타일을 찾는데 반년의 시간을 흘려보낼 때도 있었지만, 저에게 그 과정이 매번 가장 큰 고비입니다.

《청동 투구를 쓴 소년》
소윤경 글·그림, 봄볕

**전시를 통해 그림책 속 세계관을 기반으로 한
조소, 회화, 애니메이션 등 다양한 작품을
발표하셨는데요
특히 대형 회화 작품이 인상적이에요.**

그림책 작업은 즐겁지만, 작은 크기의 원화 작업을 하다 보면 저는 대형 회화에 대한 갈증을 느낍니다. 회화는 공간과 육체적 감각으로 마주하는 장르이고, 물성과 직면하는 언어 없는 세계입니다. 반면 언어와 이야기를 동반한 그림책 작업에서는 화가로서 제 본능과 기질이 늘 어떤 틀 안에서 움직이는 듯한 느낌이 듭니다.

물성의 한계로 책이 다 담아내지 못하는 세계도 분명 존재합니다. 《콤비 Combi》의 원화는 그림책 속에 이야기로 담겼지만, 회화의 본질을 몸으로 감각할 수는 없습니다. 그래서 저는 그림책 작업에 늘 원화를 남겨 언젠가 전시를 통해 보여주고자 작업을 이어갑니다. 이런 작업은 제가 한동안 빠졌던 이야기와 영감 속에서 쉽게 벗어나지 못하고 오랫동안 침잠하며 지낼 때 저절로 흘러나오는 표현에 가깝습니다.

《콤비 Combi》 그림책 완성 뒤에도 드로잉은 계속 이어졌고 입체 만들기, 소설, 애니메이션으로 확장하고 싶었습니다. 더 발전할 수도 있었겠지만, 밀려드는 새로운 영감들에 떠밀려 손을 떼야 했고 망각의 늪 속으로 잊어야 했습니다. 《수연》, 《우주지옥》 역시 마찬가지입니다. 늘 아쉬움을 안고 다음 세계로 떠나지만, 동시에 그 아쉬움이 또 다른 작업으로 이어지는 원동력이 되고 있습니다.

**현재 작업 중인 그림책이 있다면
소개 부탁드립니다.**

《해녀 밥상》(가제)이라는 그래픽노블을 준비하고 있습니다. 제주 하도리의 식당 '해녀의 부엌' 홍보 포스터와 그림책 《수연》 속 물 위에 떠 있는 소녀의 얼굴 장면이 닮았다는 인연으로, 두 달 동안 제주에 머물며 해녀 음식과 문화 다큐멘터리 취재와 영상작업에 참여했습니다.

해녀 음식을 주제로 한 그래픽노블 작업 과정은 쉽지 않았습니다. 계절마다 바뀌는 제주도 풍광과 해산물을 기록하기 위해 여러 차례 제주를 찾았어요. 이 책에는 고마운 해녀와 농부에게 전하는 감사와 더 많은 이들이 해녀 문화를 알고 자연을 지켜주기를 바라는 마음이 함께 담겨 있습니다. 단순히 음식 이야기를 넘어, 건강하고 아름다운 삶을 응원하는 책이 되기를 바랍니다. 세상을 향한 선물이라 생각해 색연필을 사용해 더 따뜻하고 친근한 그림으로 풀어냈습니다.

소윤경 작가는 《해녀 밥상》(가제)를 그리기 위해 프리다이빙과 스킨스쿠버 자격증까지 땄다. 실제 물속 풍경을 더 깊이 이해하기 위해서였다.

소윤경 작가의 끊임없는 변화와 도전은 그림책의 독자에게 '이 책의 독자는 누구인가? 그림책의 한계는 어디인가?'라는 물음을 던진다. 익숙한 세계에 의문을 품는 순간 그림책의 경계선은 더 확장되어 독자를 품는다. 작가의 진지하고 성실한 행보에 응원을 보낸다.

> "저는 예술가, 아수라 백작, 변화무쌍한 작가입니다."

예술가
저는 화가, 일러스트레이터로 활동하다 그림책 작가가 되었습니다. 제 정체성은 크게 보면 시각 예술가이자 출판미술가입니다. 형식은 달라도 제 세계를 이미지로 표현해 누군가에게 전달하려는 목적은 같기에 늘 제 작업을 예술이라 생각해왔습니다. '작가가 작업에 임하는 태도'가 중요하다고 믿으며, 틀에 얽매이지 않고 꾸준히 제 세계를 이어왔습니다.

아수라 백작
그림책은 글과 그림으로 이야기의 세계를 확장한다면 회화는 훨씬 더 함축적이고, 때로는 난해하게 표현됩니다. 저는 그림으로 표현할 수 있는 A에서 Z까지의 양쪽 끝을 동시에 오가며 작업해왔습니다. 이런 저를 이수지 작가가 '아수라 백작의 레이스'라 했는데, 양면성을 품은 채 서로 닿을 수 없는 지점을 향해 달려가는 저를 잘 표현한 말 같습니다.

변화무쌍
표현하려는 이야기에 가장 어울리는 재료와 기법을 연구하며 매번 변화하는 방식을 선택해왔습니다. 그 변화무쌍함 자체가 제 작업의 원동력이자 즐거움입니다.

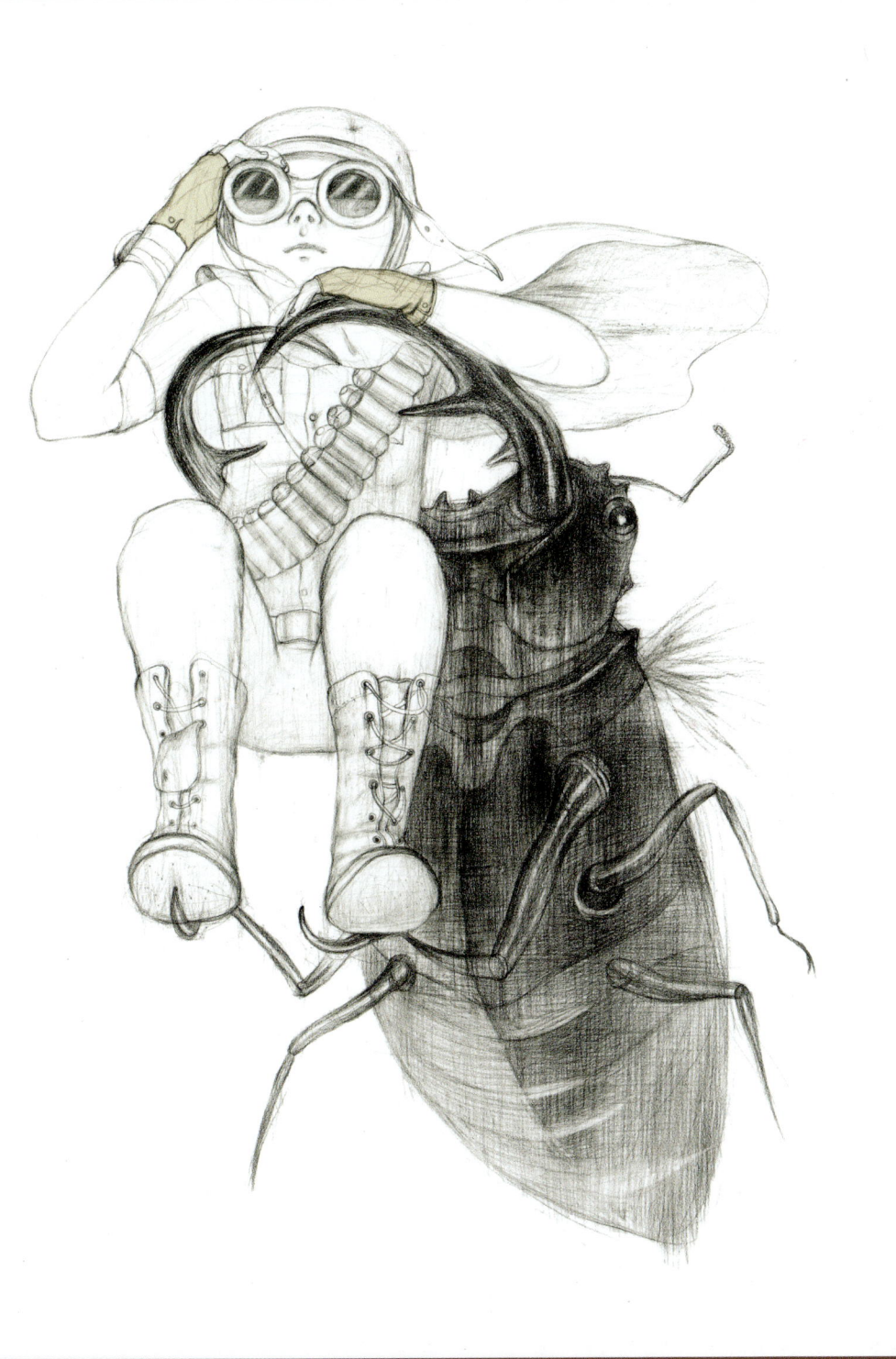

《콤비 Combi》 소윤경 글·그림, 문학동네

질문과 답이 오가는 그림책의 세계

나를 힘들게 만드는 글이 좋아요.
"왜 이런 문장을 썼을까?"
거기 그림으로 답하며 살아왔어요.

김진화

에디터 | 표유진

클래식 무대에서 연주자는 늘 같은 악보를 마주한다. 하지만 그 악보가 단 한 번도 같은 소리로 울리지 않는다는 사실이 클래식의 매력이다. 연주자마다 호흡이 다르고, 손끝의 결이 다르며, 악보를 해석하는 시선이 다르기 때문이다. 그림책의 그림 작가도 이와 다르지 않다. 한 편의 글은 모든 작가에게 동일하게 주어진 악보와 같다. 하지만 그것을 어떻게 읽고, 어디에 숨은 리듬을 발견하며, 어떤 색과 선으로 호흡을 불어 넣느냐는 그림 작가의 몫이다.

김진화 작가를 만난 날, 기자는 섬세한 해석으로 연주된 클래식 공연을 감상한 기분이었다. 긴장과 고요, 그 사이에 감춰진 생명력까지 김진화 작가는 미야자와 겐지의 동화 〈주문 많은 요리점〉을 자신만의 연주법으로 표현했다. 실제로 클래식 리코더 연주를 취미로 즐기며, 글이 건네는 의미에 질문을 던지고 답을 찾는 과정을 즐긴다는 김진화 작가의 이야기를 지금부터 만나 보자!

BIB 2025 한국 출품작

《주문 많은 요리점》 미야자와 겐지 글, 김진화 그림, 여유당
두 신사가 사냥을 하기 위해 숲에 들어갔다 길을 잃었다. 깊은 숲을 헤매며 굶주린 두 신사 앞에 무시무시한 비밀을 가진 '서양 요리점'이 나타났다.
그림책 번역가 엄혜숙은 이 책을 "만약에 사람이 사냥감이 되거나 동물의 먹이가 된다면 어떨까?" 하고 질문하는 책이라 말했다. 자연 앞에 겸허할 줄 모르고 생명을 함부로 대하는 인간의 모습과 이에 경고하는 자연의 모습을 풍자하며, 인간과 자연의 공존에 대해 이야기하는 미야자와 겐지의 대표작이라 할 수 있다.
김진화 작가의 그림은 과감한 화면 연출과 독창적인 색깔, 다채로운 질감과 메시지를 품고 있는 이미지 상징 등으로, 뛰어난 예술성과 이야기 전달력 두 마리 토끼를 모두 잡았다고 평가받았다.

> 준비

원작에 대한 정통 해석과 새로운 시각을 더하기 위해 무엇을 했나?

미야자와 겐지의 동화 〈주문 많은 요리점〉은 이미 일본에서 여러 버전으로 출간된 유명한 이야기이다. 그렇기에 김진화 작가의 그림 작업은 단순히 다시 그리기를 넘어 원작에 대한 해석과 새로운 시각을 더해야 했다. 다음은 그 과정에 대한 이야기이다.

"미야자와 겐지의 글과 제가 만난 건 사실 이번이 처음이 아니었어요."

20년 전쯤인가, 제가 프리랜서를 시작한 지 얼마 안 되었을 때인데 현대문학 출판사에서 미야자와 겐지 단편집을 내려고 저한테 그림 의뢰가 왔었어요. 그때는 미야자와 겐지나 일본 작가를 몰랐을 때인데, 작품을 읽어보니 굉장히 인상적인 거예요. 강렬한 이미지가 계속 떠올랐거든요. 단편집에는 그림이 조금씩 들어가잖아요. 그런데 글을 읽을수록 더 그리고 싶다는 욕구가 커졌어요. 그래서 그림이 들어가는 페이지를 더 많이 할애하려고 노력했죠. 하지만 결론부터 이야기하자면 그 책은 나오지 않았어요. 출판사가 어린이 책 출판을 접었거든요.

"그렇게 처음 인연은 닿지 않았지만, 미야자와 겐지를 좋아하게 됐죠."

이후에 여유당에서 허은미 작가님 글에 작업을 하게 되었어요. 책이 나오고 출판사 대표님과 이야기를 나누는데 "어떤 작가를 좋아해요?"라고 물으시더라고요. 그래서 "미야자와 겐지도 좋아하고…," 했더니 "우리 미야자와 겐지 그림책 컬렉션을 준비하고 있어요!"라고 말씀하시는 거예요. 운명 같았어요. 그때부터 몇 년 동안 이 책의 준비가 시작되었어요.

"첫 번째 준비는 이 책을 여럿이 함께 읽는 시간이었어요."

이 책을 번역하신 일본 문학 연구자 박종진 선생님, 편집자이신 여유당 대표님, 조은화 디자이너님 그리고 권애영, 엄혜숙, 최영미 선생님과 함께요. 일본 어린이 책을 번역해 오신 선생님들이 계셔서 조금 더 디테일하게 이야기를 나눌 수 있었어요. 박종진 선생님께서 겐지의 세계와 문장을 풀어주셨고요. 함께 후기도 쓰며 한때 '미야자와 연구소'라는 인터넷 카페도 운영했어요.
만약에 그림 작가나 디자이너만 있었으면 발견할 수 없었을 관점들을 그분들 덕분에 알 수 있었지요. 일단 시각 이미지를 다루는 사람들과 관점이 달랐어요. 오랫동안 미야자와 겐지를 좋아한 분들이었으니까요. 그의 글에 그림을 그려야 하는 제 입장에서는 정말 복이 많았죠.

"이렇게 받은 양분을 바탕으로, 새로운 이미지를 위한 제 개인적인 '주문 많은 요리점' 공부가 시작됐어요."

잘 알려진 이야기를 받았을 때 그림 작가의 입장에서 가장 중요한 건 새로워야 한다는 점이에요. 미야지와 겐지의 이야기는 텍스트만으로도 굉장히 선명하기 때문에 이걸 시각 이미지로 새롭게 만들어 낸다는 게 사실 어렵거든요. 사람들은 글을 읽으며 장면을 상상하잖아요. 막상 그림이 나왔을 때 자기가 생각한 수준의 그림이면 기대감이 확 떨어져요. 때문에 그림 작가로서는 당연히 그 이상을 해야 한다는 압박감을 받게 돼요.

먼저 텍스트를 여러 번 곱씹어 읽으며 문장마다 제 나름의 질문들을 던졌어요. 겐지는 굉장히 많은 글을 남긴 작가기에 그의 다른 작품들을 두루 읽는 것도 정말 큰 도움이 되었고요. 그의 작품을 관통하는 메시지나 자주 등장하는 장면 묘사를 이 책에도 사용할 수 있었어요.

🟢 표현

그 하늘이 반드시 핑크라야 하는 이유는 무엇이었을까?

오랜 준비 과정 덕분이었을까? 김진화 작가가 그린 《주문 많은 요리점》은 분명 새롭다. 낯선 분위기와 긴장감, 공포와 유머가 교차하는데, 이색적인 색깔과 현대적 감각의 콜라주 기법이 100년 전 이야기에 묘한 신비로움을 더한다. 분명 새로운 이미지이다. 이를 위해 작가는 어떤 해석과 장치를 책에 담았을까?

"가장 신경을 썼던 건 호흡이었어요."

이 책은 전개가 굉장히 빨라요. 이 부분이 제가 가장 중요하게 생각한 부분인데요. 긴박한 호흡을 위해 작업 과정에서 글도 많이 줄여 달라고 요청을 했어요. 앞부분에서는 빠르게 장면이 지나가면서 "분홍빛 배경의 서양 레스토랑"을 만났을 때는 "가짜야!" 하는 느낌을 받을 수 있게 말이죠.

덧붙여 이 장면의 색깔을 좀 언급하자면, 핑크빛 하늘은 번민을 표현한 심상의 스케치로 분홍으로 물들어 가는 코발트 산지를 바라보는 겐지의 심상세계를 이어주는 색이에요. 오후에 집에 돌아올 때 노을 진 하늘을 보면 항상 겐지의 '복숭아 빛 하늘'이라는 단어가 생각났어요. 언어들에서 느껴지는 이미지를 많이 반영한 색이에요.
그리고 분홍색이 키치한 느낌도 들고요. 이 느낌이 이국적인 장면을 연출하는데요. 휴게소나 편의점 느낌을 생각했어요. 깜깜한 밤에도 편의점이나 휴게소는 항상 불이 켜 있잖아요. 굉장히 반갑고 결코 지나칠 수 없는, 꼭 방문해야 하는 곳인 거예요. 간판도 많이 달려 있고요. 그 안으로 들어가면 연극 무대처럼 연출된 방들이 계속 등장해요. 이렇게 완전히 다른 장면들로 바꿔 주며 긴박한 호흡을 보여줄 수 있었어요.

"미야자와 겐지의 이야기는 자연이 우리에게 주는 다부진 경고라고 생각을 했어요. 그래서 급박한 호흡과 강한 연출로 그 경고를 강조하고 싶었고요."

첫 장면에 등장하는 숲을 멀리서 보면 평화롭고 일상적인 아름다운 곳이에요. 그런데 그 세계로 야만적인 두 사람이 들어가면서부터 이야기가 시작돼요. 분명 정해진 길이 있지만 둘은 더 많은 걸 원해요. 그래서 길이 없는 곳, 그러니까 그 둘에게 허용되지 않은 곳까지 들어가죠. 총을 메고 사냥을 하기 위해서요. 이 사람들이 나중에 어떻게 되는지를 보면 미야자와 겐지가 말하고 싶은 것이 무엇인지 알 수 있어요.
저는 이 책의 결론이 인간의 이기적 욕망으로 훼손된 자연의 경고라고 생각해요. "한 번 훼손된 자연은 되돌릴 수 없다."라고요. 구겨진 이 두 사람의 얼굴이 펴지지 않은 것처럼요. 그래서 이 경고를 여러 장면을 통해 언급했는데, 재미있는 작업이었어요.

"불편함과 이질감을 느낄 수 있는 식탁 장면도 경고의 한 장면이에요."

대자연 속에서 인간에게 주어진 건 굉장히 작은 부분이에요. 우리가 사냥을 해야만 먹고 살 수 있었던 시절의 사냥은 꼭 필요했고, 필요한 만큼만 사냥을 했어요. 하지만 이 그림책에서 그리고 지금의 사냥은 필요 이상의, 필요하지 않은 사람의 행위잖아요. 그래서 사냥꾼들이 가지고 있는 총을 장면의 균형을 깨는 도구로 사용했어요. 검은 식탁 위의 거대한 총이 놓여 있음으로 인해 이 식탁은 맛있는 음식을 기대하기 어렵다고 생각해요. 이건 먹으려

는 식탁이 아니라 뭔가 음산한 일이 벌어질 것 같은 식탁이죠.
이 장면을 연출할 때 콜라주로 여러 이미지들을 이렇게 저렇게 놓아 보았어요. 낯설고 음산한 느낌이 날 때까지 계속 바꿔 가며 원하는 이미지를 찾았는데, 이 식탁에 총을 무례하게 내려놓았으면 좋겠다고 생각했어요. 작은 열매와 도토리 같은 소박한 음식과 어울리지 않는 총, 검은 튤립, 푸른 촛대 등을 함께 연출함으로써 무심하고 폭력적 느낌을 내고 싶었어요.

"깜깜한 배경에 푸른 고양이 눈빛을 그린 장면은 제 경험을 바탕으로 했어요."

휴양림으로 친구들과 여행을 갔을 때 일이에요. 밤에 친구 몇몇과 밖에 나와 두런두런 이야기를 하고 있었어요. 불을 켜지 않아 주변이 매우 어두웠어요. 깜깜하면 거리감이 없잖아요. 그런데 저기서 불빛 두 개가 저희를 향해 마구 흔들리며 오는 거예요. 아마 오소리나 뭐 그 정도였을 텐데, 어둠 속의 불빛은 굉장히 밝았고, 가깝고 크게 느껴져서 저희 일행이 이 장면처럼 소스라치게 놀랐어요. 어둠에 가려져 어디가 어딘지 모르겠는데 불빛이 숲속에서 뛰어오르는 그 장면을 제가 잊을 수가 없어요. 사실 이 장면은 더 마구 흔들리게 표현하고 싶었는데, 평면이다 보니 한계가 있더라고요. 이렇게 때로는 미야자와 겐지의 마음으로, 때로는 저의 생각과 경험으로 글을 읽어 나가며 한 장면 한 장면이 그려졌어요.

방향

어떻게 해석하고
어떻게 전달하며
어떻게 걸어갈까?

이번 인터뷰는 《주문 많은 요리점》에 집중해 김진화 작가의 그림 이야기를 들어 보았지만, 사실 김진화 작가를 이 한 작품만 놓고 이야기하기엔 아쉬움이 많이 남는다. 인터넷 서점에 '김진화'라는 이름을 치면 100권을 훌쩍 넘기는 어마어마한 양의 책들이 검색되는데, 그림책뿐 아니라 동화와 동시집, 지식 정보책까지 그 종류도 다양하다. 오랜 시간 어린이 책의 그림을 그리며 살아온 작가는 어떤 글을 마주했을 때 창작자로서 새로운 자극과 영감을 얻을까? 또 자신의 작업 세계를 확장해 보고 싶다는 의욕을 얻을까?

"창작자로서 새로운 시도를 해 보고 싶고, 더 깊이 탐험하고 싶은 글은 제가 끊임없이 질문하게 되는 글이에요."

《주문 많은 요리점》이 그랬어요. "나에게 이런 문제가 있어. 어떻게 해결하지?" 하고 계속 질문을 했어요. 저를 분투하게 하는 글을 제가 그 질문을 해결하기 위해서 공부를 많이 하게 되더라고요. 꼭 주어진 글만이 아니라 다양한 책을 읽으며 여러 관점을 공부하고, 고민거리들을 잡아갔어요. 그 과정에서 책은 완성도가 높아졌고요. 그저 주어진 장면을 쉽게 재현하는 게 아니라 이미지의 방향성을 만들고, 그 방향으로 나아가기 위해서 어떻게 표현해야 할까를 제 스스로 끊임없이 질문하는 거죠.
《주문 많은 요리점》을 그리는 동안 저를 가장 힘들게 했던 질문은 "언제 멈추지?"였어요. 이 책은 모호함을 담고 싶었는데 그러다 보니 어느 지점에서 멈춰야 할지 모르겠는 거예요. 그래서 겐지의 시집을 많이 읽었어요. 또 작업실 바닥에 모든 장면을 펼쳐 놓고, 여기저기를 조금씩 바꿔 보았는데, 과정에서 작품의 완성도가 높아졌다고

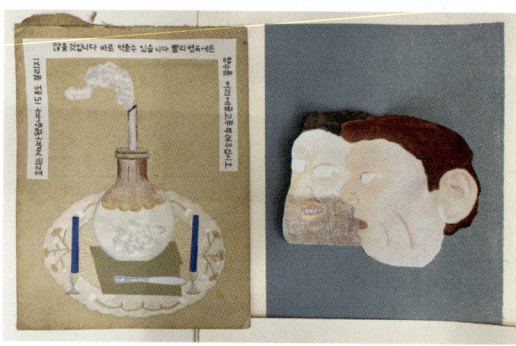

마음에 들 때까지 이미지를 바꾸어 보며 작품의 완성도를 높였다.
위의 이미지들은 완성된 책의 어느 장면이었을까?

작가가 가장 끝까지 고심한 장면으로 꼽은 페이지다. 하얀 바람을 추가하며 비로소 완성할 수 있었다고 한다.
"이야기의 앞과 뒤에 스산한 바람이 불어요. 이야기를 열면 빨려 들듯 들어가고 쫓기듯 숲에서 튕겨 나가요.
숲이 뱉어내듯 두 사냥꾼이 도망가요. 스산한 장치로서 서늘한 바람입니다."

생각해요.
여러 작품에 그림을 그리며 저는 계속 내 작업에 대한 질문을 던져요. 주변에서 흔히 보는 평범한 돌도 그냥 돌이 아닌 어떤 이야기를 품고 있는 돌로 표현하기 위한 질문들요. 마거릿 와이즈 브라운 글에 그림을 그린 《난 자동차가 참 좋아》도 그랬고, 한윤섭 작가의 동화에 그림을 그린 《봉주르 뚜르》도 그랬어요. 이 질문들은 어떤 주제를 만나도 나의 톤으로 표현할 수 있는 힘을 키워 주고, 나만의 기술적인 방법들을 충분히 훈련시키죠.

"제가 그림을 그리는 목표는 한 권을 감각적으로 예쁘게 완성하는 목적지에 있는 게 아니라 어떤 여정에 있다고 생각해요."

그러다 보니 때로는 너무 신중해져서 그림이 어려워지지는 않을까 고민하기도 해요. 《주문 많은 요리점》에는 이전 작업들에서는 하지 않았던 새로운 시도를 하고 있는데, 바로 그림에 이미지처럼 들어간 고양이들의 주문 내용이에요. 아이들이 이 글만 읽어도 직관적으로 이야기를 이해할 수 있었으면 좋겠다고 생각했어요. 경고문 같기도 하고요. 이런 식으로 끊임없이 고민거리를 찾고, 그걸 스스로 해결해 나가는 과정을 거칩니다.

"방향이 있는 길과 여정은 제 그림책에서 매우 중요한 의미예요."

저는 그림을 그릴 때 길을 늘 생각하게 돼요. 《주문 많은 요리점》의 첫 장면에도 길이 나오잖아요. 모든 이야기에는 길이 나온다고 생각해요. 근데 그걸 그릴 수도 있고, 안 그릴 수도 있는데, 이야기 속에서 방향이 있다라는 건 저에게 중요한 주제예요.
저는 지도도 정말 좋아해요. 지도 안에는 지명이 있잖아요. 옛 지명에는 이야기가 있어요. 그 지역에 사는 사람들에게 어떤 역사성과 전통성이 있는지를 복합적 정보를 담고 있죠. 여행을 가면 그 지역에 있는 지도 서점이나 지도와 관련 있는 곳도 꼭 가 봐요. 예쁜 지도를 오려 붙이며 콜라주도 좋아하게 됐고요. 아이들과 고지도에 담긴 이야기를 재현해 보는 수업도 했었어요. 그러면서 자연스럽게 "나에게 그리고 사람들에게 길이라는 건 무엇보다 중요한 서사구나." 하는 걸 깨달았어요.

"작가의 책은 그 작가가 가고자 하는 방향을 보여주어야 해요."

영화감독인 고레에다 히로카즈가 이런 말을 했어요. "작가의 첫 작품이 그 사람의 모든 이야기를 한다"고요. 저도 공감하는 생각입니다.
정해진 방향, 설정된 세계가 있는 것은 아니죠. 그렇지만 돌아보니 반복된 행동들이 이미 나라는 사람이 되어 있던 것 같고요, 앞으로도 꾸준히 그렇게 쌓아가는 길을 가게 될 것 같아요. 흩어진 파편들을 모아 내가 될 때까지 계속 찾아다니겠죠.

김진화 작가는 길에 대한 이야기를 하며, 실은 자신도 다른 사람의 속도와 비교해 불안한 적이 있었다고 고백했다. 다른 작가들이 많은 작품을 열심히 내는 모습을 보며 부러움을 느끼고 나의 속도는 오지 않는 게 아닐까 겁이 났었다고 말이다. 하지만 이내 작가는 차분하면서도 힘 있는 목소리로 말했다. 조금씩 조금씩 각자의 속도대로 되어 가는 것이니 불안해하지 말라고. 내년에는 이런 김진화 작가의 '여정'이 담긴 그림책이 나온다고 한다. 그 여정의 한 에피소드가 작년 작가가 쓰고 그린 첫 그림책 《여름이 오기 전에》라는 말도 덧붙였다.
김진화 작가의 방향성이 오롯이 담길 다음 그림책을 기다리며 작가가 오랜 시간 신중하게 고민한 자신을 나타내는 세 단어를 소개한다.

"나는 16살에 머물러 있고, 어디서도 낯설고, 존재감 있는 듯 없는 듯 한 사람이에요."

작가의 작업실은 작가와 똑 닮아 있다.

깊숙이 들어오는 햇빛과 함께,
끊임없이 그리고, 오리고, 찍고,
붙이느라 분주한 흔적들.
그리고 곳곳에 자리한 그림책 속 장면들.

그곳은, 그림책의 길을 끊임없이 걸어가는
김진화의 세계였다.

김진화입니다 ♡

라키비움 독자님들 안녕하세요?

한 달에 수백권의 책이 나오는 것 같아요.
예전엔 유행하는 이유로 책들이 도배가
되어 획일적인 이슈몰이가 걱정이었는데
요즘은 책이 많이 쏟아지다 보니 그 경향조차
분류하기 어려울만큼 다양한 책이 나오고 있어요.
책의 생명이 짧아진다 걱정도 하지만 다양한 이슈들이
동시간대에 다뤄진다는 긍정적인 면도 보게되네요.
감사하게도 그 많은 책중 제 책에 관심 갖고 봐주신
독자님들께 반갑고 고맙습니다. 열심히 만든 책을 찾아
골라보는 독자님들이 있어 기쁘고, 오래도록 조용히 이 일을
해 오고있는 제게 큰힘이 됩니다. 앞으로도 열심히
만들어 보겠습니다.
사랑을 담아 …길쭉이가

발상을 전환하고 실험하는 세계

그림책이 담을 수 있는
세상의 크기는 얼마나 클까?
담담하게, 신나게, 기발하게!

박현민

에디터 | 이시내

2020년 11월 그림책 속 흰 여백을 눈으로 바꾸며, 엄청난 눈이 내린 신나는 겨울 세상을 만든 엄청난 그림책이 나왔다. 바로 박현민 작가의 첫 그림책 《엄청난 눈》이다. 작가는 여백을 '비어 있지 않고 꽉 차 있다'라는 발상의 전환으로 상상하는 즐거움을 전해 주었다.
그 뒤 연이어 작품을 낸 박현민 작가는 익숙해서 당연했던 일상을 살짝 비틀고 유머를 더해 낯선 시각으로 하루를, 도시를, 삶을 되짚어 보게 만든다. 읽다 보면 이 작가는 어떤 시선으로 세상을 보는 걸까? 궁금증이 끝나지 않는, 어느덧 열 번째 그림책을 앞둔 박현민 작가를 만나 보자.

BIB 2025 한국 출품작

《엄청난 소똥구리》 박현민 글·그림, 웃는땅콩어린이재단
풀 한 포기 없는 땅에 쌓인 소똥을 두고 다투는 소똥구리들. 욕심은 커다란 짐이 되어 끝없이 소똥구리들을 몰아세운다. 재생 종이의 흑백 인쇄는 생태 순환과 인간 욕망을 비추고, 민둥했던 땅에 초록빛이 솟아오르는 장면은 책등의 초록 실과 맞물려 울림을 전한다.
인쇄 용지의 특성을 활용한 공간 표현과 제한된 색을 사용하며 보여주는 주인공의 서사 등이 작가의 개성을 한껏 보여주며 BIB 2025 한국 대표 출품작으로 선정되었다.

종이와 제본, 실험으로 완성된 《엄청난 소똥구리》

안녕하세요. 박현민 작가님. 〈라키비움J〉 독자와 만나게 되어 반갑습니다. BIB 2025 한국 출품작으로 《엄청난 소똥구리》가 선정되었습니다. 축하드립니다. BIB가 열리는 동안 각국의 출품작들은 원화를 한 두 점 골라 전시를 한다고 들었습니다. 고른 장면이 작가님도 이 책에서 가장 좋아하는 장면인지 어떤 이유로 선택하게 되었는지 궁금합니다.

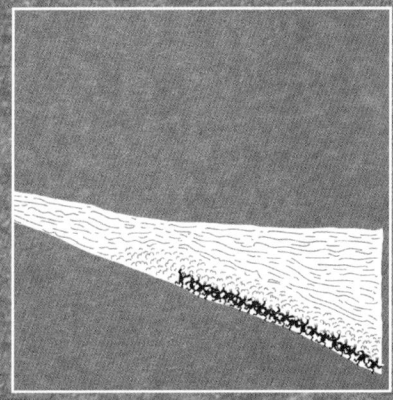 

· 작가가 책에서 가장
  좋아하는 장면(왼)
· 거침없이 고른
  BIB 출품 원화 장면(오)

이 책에서 가장 좋아하는 장면은 똥에 깔리기 직전의 장면입니다. 그림은 조금이지만 가득 차 보이고 종이가 메인으로 올라옵니다. 출품 장면을 고른 이유는 특별히 없었습니다. 한국 출품작에 선정된 것은 너무나 큰 영광이지만 솔직히 말하자면 수상에 대해서는 특별한 기대가 없어서 손이 가는 것으로 거침없이 골랐습니다.

《엄청난 소똥구리》는 갈색의 표면이 거친 크래프트지에 인쇄가 되었어요. 그림은 어떤 방식으로 그리셨나요?

디지털로 작업했습니다. 보통 손으로 그린 후 포토샵이나 일러스트레이터에서 마무리하는 방식으로 작업합니다. 크래프트지처럼 인쇄하기 어려운 작업일 때는 이번 출품 작업처럼 직접 종이에 스텐실이나 다른 판화로 작업을 해 보기도 합니다. 판화를 좋아해서 그림책의 원화를 판화로 찍기도 하는데, 그것을 원화로 사용하기보다는 책이 아닌 다른 매체에 작업한다는 생각으로 작업합니다. 책의 최종 결과물은 책이기 때문입니다.

'소똥구리 이야기'라는 주제에 맞춰 표현 방법을 선택하신 것인지, 아니면 시도해 보고 싶었던 콘셉트나 또는 주제나 표현 기법을 먼저 생각하고 그에 맞춰 이야기가 나온 것인지 궁금합니다.

어느 정도는 시도해 보고 싶었던 기법을 중심으로 구성했습니다. 물론 처음부터 크래프트지 사용을 생각했던 것은 아니지만 모든 책을 구성할 때는 종이나 인쇄, 제본 등을 함께 고민하면서 기획합니다. 그래서 콘셉트를 먼저 정하고 이야기를 붙이기도 하지만 보통은 무엇이 먼저라 할 것이 없이 콘셉트나 기법과 이야기를 동시에 기획하는 편입니다.

표현 방법을 먼저 정한 책으로는 《하얀 개》가 있습니다. 작고 귀여운 책을 만들고 싶어서 색이나 판형을 먼저 정하고 나중에 이야기를 넣은 케이스입니다.

《엄청난 소똥구리》는 크래프트지를 손으로 만졌을 때 느껴지는 질감 덕분에 책을 펼치는 행위도 재미납니다. 독자에겐 즐거움이지만, 작가님은 특별한 인쇄 용지 때문에 어려운 점은 없었을까요?

일반 인쇄 용지가 아닌 다른 종이의 사용은 흰 종이를 흰 눈으로 치환해 보여주는 《엄청난 눈》부터 생각했습니다. 여러 종류의 종이를 사용하는 기획을 여러 번 했지만, 현실적으로 이루기 어려웠습니다. 사실 《엄청난 소똥구리》도 우여곡절을 많이 겪었습니다. 크래프트지에 선명한 인쇄가 어렵기 때문에 내지 전체에 UV인쇄를 진행해야 했죠. 자외선을 이용해 종이에 잉크를 즉시 굳혀 선명하고 질감 있는 효과를 내는 인쇄 방법입니다.
올해 출간한 《개굴개굴 고래고래》는 나무 대신 사탕수수로 만든 친환경 종이를 사용했습니다.

한 권의 그림책에 독자에게 전하고 싶은 고민이 가득 느껴졌습니다. 그림책 작업 시 그림을 그릴 때 고심하는 부분은 무엇인지, 작업 우선순위는 어디에 두시는지도 말씀해 주세요.

사실 크래프트지 사용뿐 아니라 제가 그림책에 사용했던 다양한 시도들이 눈에 잘 띄는 건 아닙니다. 하지만 책을 만드는 과정에서는 생각보다 큰 어려움이 따르죠. 때문에 이런 요소들을 섬세하게 알아주는 독자를 마주할 때 매우 기쁘고 작업을 이어가는 힘이 생깁니다.

이미지를 구성할 때는 어떻게 하면 책을 단순한 콘텐츠의 매개가 아닌 책 자체로 매력 있게 전달할지 고민합니다. 책이라는 미디어가 사그라지는 시대에 책이라는 물건을 중요하게 여기는 작은 시도들도 있어야 한다는 생각으로 작업을 하죠. 상업 출판의 범주 내에서도 다양한 시도가 있는 것이 책의 의미를 환기하고 더욱 건강하고 다양한 창작 환경을 조성한다고 생각합니다. 그리고 무엇보다 독자에게 재미있게 닿기를 기대하면서 만듭니다.

서울의 회색에서 길어 올린 화려한 색감

첫 그림책 《엄청난 눈》에서는 흰색, 《빛을 찾아서》에서는 새벽의 어스름한 남색, 《얘들아 놀자!》에서는 밤의 깜깜함을 살리기 위해 책머리, 책입, 책발의 세 면을 다시 검은색으로 염색한 걸로 알고 있습니다. (특별 에디션의 발랄한 색상도 인상 깊습니다.) 작가님의 재기 발랄한 색과 아이디어는 어디에서 주로 영향을 받으시는 건가요?

색을 고를 때 특별히 많이 고민하지는 않아서 어디에서 영향을 받는지 생각해 본 적은 없지만, 저는 회색빛의 서울에서 나고 살아 와서인지 원색의 화려한 색을 좋아하는 편입니다.

위에서부터
《도시 비행》 박현민 글·그림, 창비
《진정한 친구가 되는 법》
박현민 글·그림, 창비
《빛을 찾아서》 박현민 글·그림, 달그림
《엄청난 눈》 박현민 글·그림, 달그림

《도시 비행》에서는 인쇄에서 기본이 되는 네 가지 색 잉크(CMYK)만 사용하였고, 《진정한 친구가 되는 법》에서는 별색을 과감하게 사용했습니다. 이런 작업을 할 때 고심하는 부분은 어떤 점일까요? 그림책 작가를 꿈꾸는 분들에게 큰 도움이 될 것 같습니다.

《도시 비행》에서 CMYK 원색만 사용한 작업이나 별색을 선호하는 것은 단순히 색 때문이 아니라 책의 원본성을 전달하고 싶기 때문입니다. 인쇄 과정에서 분판되고 조합되는 과정보다는 섞이지 않은 잉크를 사용하는 것이 좀 더 본질에 가깝다고 느꼈습니다. 공정을 중요하게 생각했기 때문에 오히려 색 자체는 크게 관심 없습니다.

색깔을 어떤 것으로 고를지는 그다음 문제였습니다. 부끄러운 이야기지만 저는 뼛속까지 가성비를 따지는 사람이라 이왕에 비싼 공정의 별색을 사용한다면 누구든 특별함을 느낄 수 있는 색을 사용하고 싶다고 생각했습니다. 그래서 《진정한 친구가 되는 법》이나 《빛을 찾아서》에서는 펄이 섞인 잉크를 사용하기도 했습니다.

 ## 정사각형 판형, 네모의 마법

판형 실험도 다양하게 시도해 왔습니다. 이야기를 어떤 틀(판형)에 담을지 고민하는 과정이 궁금합니다.

저는 정사각 판형을 좋아하는데, 상하좌우 구분 없이 중립적인 형태로 상하좌우의 제본 위치가 바뀌더라도 커버의 외형은 동일하게 유지됩니다. 그래서 같은 작업의 연장선임을 보여주기도 합니다. 그리고 정사각 판형은 책을 열기 전에는 중립적인 이미지가 강하지만 책을 펼치는 순간 극단적인 스케일을 보여주기 좋습니다.

 ## 비장하지 않은 담담함, 오늘의 작업을 이어가며

작가님의 그림책 속 인물들을 보면 각각 조금씩 다르지만, 어딘가 닮은 듯한 모습이 있습니다. "그럼에도 불구하고"라는 마음가짐을 품고 있지만 비장하지는 않은 게 매력인 거 같아요. 《엄청난 소똥구리》에서도 놀이와 웃음, 혹은 자신을 가볍게 만드는 방식으로 어려움을 풀어가며, 조금씩 나아가는 순간의 여정을 전한다고 생각합니다. 작가님 사고방식이나 작업 스타일과도 닮아있다고 볼 수 있을까요?

생각해 보니 닮아있습니다. 소똥구리는 자연의 청소부 역할을 하기 위해서 똥을 치우는 것이 아닙니다. 그냥 자기의 할 일을 하는 것입니다. 저도 비장한 소명 의식으로 작업하지는 않습니다. 물론 막연히 세상을 이롭게 하는 물건을 만든다고 생각하긴 하지만 그것이 원동력이 되지는 않습니다. 책은 흐름이고 누구든 영원히 제자리에 있을 수 없습니다. 누군가에게는 불멸의 작품을 세상에 남기는 것이 원동력이 될 수도 있겠지만, 저는 잊히고 버려질 숙명을 인지하면서 오늘 하루의 작업을 담담히 이어가려고 노력합니다.

그림책 작가 모임에서 교류한다고 들었습니다. 여럿이 함께 작업할 때 받는 영향도 있을 테고, 혼자 사색하며 완성하는 방식도 있을 것 같습니다. 작가님은 이 두 가지 방식 중 어떤 과정이 더 잘 맞으시나요? 그림책 작가를 꿈꾸는 분들에게 두 가지 작업 스타일의 장단점을 알려주세요.

작가들과의 모임은 외롭게 작업하는 과정에서 소통의 창구입니다. 소통의 과정에서 서로 아이디어를 얻기도 하고 동료로서 서로의 응원이 큰 힘이 되기도 하지만 어차피 그림책은 혼자 작업하는 것입니다. 작가를 꿈꾼다면 끝까지 될 수 있게 옆에서 독려해 주는 동료들도 필요하지만, 누구도 대신해 주지 않는 자기 확신이 있어야 합니다.

마지막 질문으로 여러 실험과 시도로 독자들의 그림책 경험을 한층 다양하고 즐겁게 만들어 주시는 작가님께 즐거운 상상을 하게 해 드리겠습니다. 만약 제작비의 한계가 전혀 없다면, 어떤 작품을 만들어 보고 싶으신가요? 언젠가 꼭 시도해 보고 싶은 작가님의 '꿈의 제작 방식'이 궁금합니다.

여러 가지 인쇄 방식과 후가공들, 특히 구멍을 내는 방식을 시도해 보고 싶기 합니다만, 지금 당장은 여러 종류의 종이를 사용해 보고 싶습니다. 꿈이라고 말하기에는 조금 거창합니다. 지금도 불가능한 제작은 아니기 때문이고 반드시 출판사를 통해야만 책을 만들 수 있는 것은 아니기 때문입니다.
다만 상업 출판에서 가격이 오르는 것은 한계가 있습니다. 어떤 사람들은 제가 책의 물성을 위해 값비싼 공정을 선호한다고 오해하지만, 저는 무엇보다 책의 본질은 공산품으로 독자와 소통하는 점을 중요하게 생각합니다. 책이 값싼 물건으로 범주화되어 있는 것은 안타까운 현실이지만 당장 바꿀 수 있는 것도 아닙니다. 저는 내용과 유리된 화려한 형태를 지향하는 것도 아니고, 북아트나 아티스트북의 범주에 있는 것도 아니기 때문에 이러한 제한 속에서 나만의 최대치를 찾는 것도 즐기고 있습니다.

애들아, 포기하지 마.

"저는 책을 사랑하고,
헤매고 있고, 호기심 많은 작가입니다."

2025년 9월 박현민

공간으로 이야기를 만드는 그림책 건축의 세계

"책상 위에 그냥 펼쳐 놓고
보았나요? 90도로 세우고
그림자도 한번 펼쳐 보세요."
평면 종이도 입체적 시공간을 건설하는

조오

에디터 | 하예라

"그림책은 자기만의 구석에 틀어박히는 시간 없이는 작품을 풀어내기가 쉽지 않다고 생각합니다. 작업하다 길을 잃었다면, 자신의 구석을 떠올려 보세요. 어쩌면 답은 내 안에서 가장 깊고 좁은 곳에 있을지도 모르니까요." 그림책 작가를 지망하는 이에게 조오 작가가 전한 다정한 조언은 우리 모두에게 위로가 된다. 가장 깊고 좁은 곳에 단단한 뿌리를 내리고 아름드리나무로 성장한 그림책 작가 조오를 만날 시간이다.

BIB 2025 한국 출품작

《나의 그늘》 조오 글·그림, 웅진주니어
구석 안에서 정성껏 키우던 분신과도 같은 나무가 구석을 무너뜨린다. 나무를 지키기 위해 애를 쓰던 까마귀는 구석 밖에 심으며 더 큰 공간과 새로운 세상, 존재의 의미를 깨닫게 된다. 작가는 책의 물성을 활용해 밖과 안을 만들고, 세밀하게 장면을 구현하였다. 매체에 대한 새로운 감각이 돋보여 BIB 출품작으로 선정되었다.

● <나의 그늘>을 읽기 전 꼭 먼저 읽어야 하는 그림책
《나의 구석》 조오 글·그림, 웅진주니어
가장 구석진 곳을 찾은 까마귀가 가장 좁은 구석에서 특별한 자신의 일상을 살아가는 이야기이다. 텅 빈 구석에 창문을 내고 마침내 그 창문을 활짝 여는 까마귀의 모습이 깊은 감동을 준다.

친구가 우연히 붙여 준 까마귀라는 별명이 조오라는 작가명으로까지 이어졌다고 들었어요. 작가님께 까마귀는 어떤 존재인가요?

작가가 되고 나서 가장 많이 받았던 질문 중 하나가 '어쩌다 까마귀가 되었나'인데요. 아마 흔한 별명이 아니기 때문이겠죠? 저도 계속 질문을 받다 보니 궁금해져서 그 별명을 붙여 준 친구에게 물어보았는데, 막상 자기가 그런 별명을 붙였는지조차 기억을 하지 못하더라고요. 그래서 영원히 이유는 알 수 없게 되었죠. 시작은 우연이었지만 오랜 시간, 제 작업 속에서 까마귀가 살다 보니 저도 점점 저 자신을 까마귀에 비추게 되었습니다. 지금은 그림책 속에서도, 또 제 일기 속에서도 가장 자연스럽게 저를 대신할 수 있는 존재가 까마귀인 것 같아요.

독자가 《나의 구석》과 《나의 그늘》을 읽기 위해 책상 앞에 앉았습니다. 어떤 자세로 보면 좋을까요?

책의 내용만 보면 《나의 구석》은 90도로, 《나의 그늘》은 270도로 펼쳐 봐야 할 것 같지만, 사실은 가장 편한 자세로 감상하시는 게 좋아요. 굳이 권하자면 주인공이 주로 책 가운데에 있으니 책을 반듯이 펴고 보는 게 이야기를

따라가기엔 가장 자연스럽겠네요. 다만 햇살이 좋은 날이라면 책을 기울여 보면서, 각도에 따라 다르게 드리워지는 그림자까지 함께 즐겨 보시면 또 다른 감상이 될 거예요.

책장의 각도에 따라 달라지는 그림자를 보고 있으면 해가 움직이고, 시간이 흐르는 느낌이 들 거 같아요. 《나의 구석》은 각도를 좁혀 창문을 통해 안으로 빛이 들어오는 느낌이 좋을 거 같고, 《나의 그늘》은 각도를 180도 이상으로 펼쳐 외부에 나온 느낌이 들면 좋을 거 같아요.

저에게 《나의 구석》은 단순히 책이라기보다는 '공간' 같은 느낌이에요. 처음 구상할 때는 아예 표지를 구석 밖의 벽으로 만들고 싶었어요. 논의 끝에 그 시안은 쓰지 않게 되었지만요. 그래서 《나의 그늘》로 넘어갔을 때는 자연스럽게 책을 반 바퀴 돌린 시점에서 작업을 이어 나가게 되었던 것 같아요. 모퉁이는 구석이라는 안전지대 너머의 공간으로, 벽 하나를 넘어가면서 90도의 안전한 공간에서 270도의 노출된 공간으로 달라지는 지점입니다. 이렇게 구석의 바깥을 돌출시켜 연출하면서, 독자들도 까마귀의 시선으로 외부 세계를 경험할 수 있길 바랐어요.

"책을 반듯이 펴고 이야기를 따라가면 가장 자연스럽지만,
햇살이 좋은 날에 책을 기울여 보며 그림자를 즐겨 보세요."

와, 그런 뜻이 숨어있었군요. 전 주인공이 책 가운데에 있어서 자세히 보고 싶어 쭉쭉 펴 가며 읽었는데 꼭 야외에서 요리조리 각도를 만들며 감상해야겠어요. 그래도 까마귀의 구석을 느끼려면 책을 세워 90도로 만들어 보는 방법을 빼놓을 순 없을 것 같아요. 평면인 그림책이 입체적으로 살아나는 순간이잖아요.

《나의 구석》을 작업하기 전에는 캐러셀 북(carousel book, 회전목마처럼 둥글게 펼쳐지는 원형 구조의 책) 같은 입체적인 책 형태에 한참 빠져 있었어요. 책을 활짝 펼치면 종이가 여러 면으로 이어지며 하나의 공간이 만들어지는 실험을 해 보기도 했고요. 그런 경험이 《나의 구석》이나 《나의 그늘》에도 이어져, 작은 인형 놀이판처럼 책을 펼쳐 놓고 공간을 꾸미듯 작업하게 되었습니다. 그래서 가운데 제본선을 중심으로 이야기가 전개되고, 독자도 책을 세워 구석을 만들거나 입체적으로 즐길 수 있는 것 같아요. 책의 판형 역시 그런 맥락에서 선택된 것으로, 독자가 각자 자신만의 '구석'을 상상할 수 있는 시간이 되면 좋겠어요.

360도 그림책이 나올 뻔한 거네요! 언젠가 그런 작품도 만나는 날이 오면 좋겠어요. 90도로도 충분히 매력적인 그림책 《나의 구석》에서 텅 빈 구석을 발견한 까마귀가 가장 먼저 놓은 물건은 편히 쉴 수 있는 소파 겸 침대였습니다. 구석을 밝힐 램프와 화분도 가져다 두지요. 그리고 "안녕?"하고 인사를 해요. 까마귀가 빛과 반려 식물의 자리를 가장 먼저 잡는 게 인상적이었어요. 어두운 구석을 찾는 이는 함께 어울리기보다는 혼자인 게 더 편안할 거라는 편견이 제 안에도 있었나 봐요. 까마귀가 꾸민 공간이 의미하는 것은 무엇일까요?

구석을 찾는 이는 혼자인 게 더 편안하다는 게 아주 편견은 아닐 거예요. 왜냐면 제가 그렇거든요. 다만 어떤 성향의 사람이든 혼자 편안하게 쉴 수 있는 환경과 마음 둘 곳은 필요하다고 생각해요. 저 역시 집 밖으로 나가는 일은 드물지만, 늘 집 안에서 반려 고양이나 화분과 함께 지내며 작은 상호작용 속에서 위안을 얻곤 합니다. 그런 제 모습이 자연스럽게 작품 속에도 반영된 것 같아요.

그럼 작가님께 텅 빈 구석이 생긴다면 어떻게 꾸미고 싶으세요?

고양이와 함께 뒹굴기 좋은 아늑하고 편안한 공간으로 꾸미고 싶네요. 사실, 이미 그런 구석을 가지고 있기도 하고요. 꼭 필요한 건 빛이 들어올 수 있는 커다란 창문과 애착 베개 정도일까요?

창문이 필요하다고 말씀하시니 《나의 구석》에서 까마귀가 벽에 노란색 크레용으로 창문을 그리는 장면이 떠올라요. 특별히 노란색을 사용한 이유가 있을까요?

이 작업을 한창 할 때는 길을 걸을 때 건물의 창문만 쳐다봤던 것 같아요. 마음에 드는 모양이 있으면 사진을 찍기도 하고, 관련된 책들을 찾아보며 창문을 그렸습니다. 실제로 책 속 까마귀가 책을 펼쳐 보는 장면에는 제가 참고한 책들을 이스터에그처럼 그려 넣기도 했습니다.

저는 누구보다 구석에서 안전하게 있는 것을 좋아하지만, 한편으로는 세상에 대한 호기심이 많아서인지 창문과 창문에서 들어오는 빛의 이미지를 좋아하는데요. 특히 노란색은 해가 지기 전의 따뜻한 빛을 가장 잘 떠올리게 해 주는 색이기에 선택했습니다. 개인적으로 가장 좋아하는 색이기도 하고요. 그래서 제 다른 작업에서도 하늘을 표현할 때 노란색을 종종 쓰기도 합니다.

그렇군요. 앞으로 작가님의 그림책에서 노란색을 잘 살펴봐야겠어요. 《나의 구석》과 《나의 그늘》 작업 방식은 어땠나요? 까마귀처럼 크레용으로 하나하나 그리신 건 아니겠죠?

하하. 두 책 모두 주재료는 연필과 흑연입니다. 먼저 흑백으로 그림을 완성한 뒤, 디지털로 옮겨와 색을 입히는 방식으로 작업했어요. 아무래도 《나의 그늘》은 세밀한 장면이 많아졌기 때문에 요소들을 따로 그리고 배치하는 데 《나의 구석》보다 시간이 오래 걸렸죠.

점과
선과
새

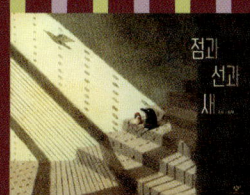

《점과 선과 새》 조오 글·그림, 창비
도시의 인공 구조물에 부딪혀 죽는 새들의
이야기를 다룬 작가의 세 번째 그림책

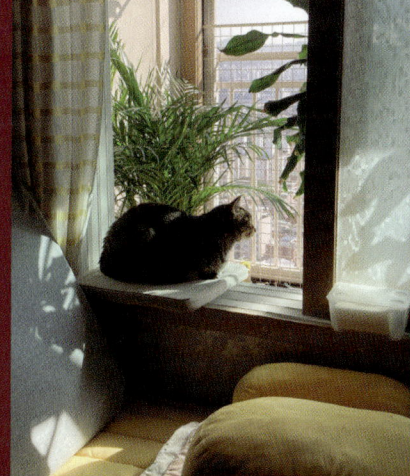

고양이와 함께 뒹굴기 좋은 아늑한 조오 작가의 구석.
빛이 들어오는 창문에는 조류 충돌을 막는
버드세이버가 있다.

《나의 구석》 속 노란 창은 《나의 그늘》에서도 만날 수 있다.

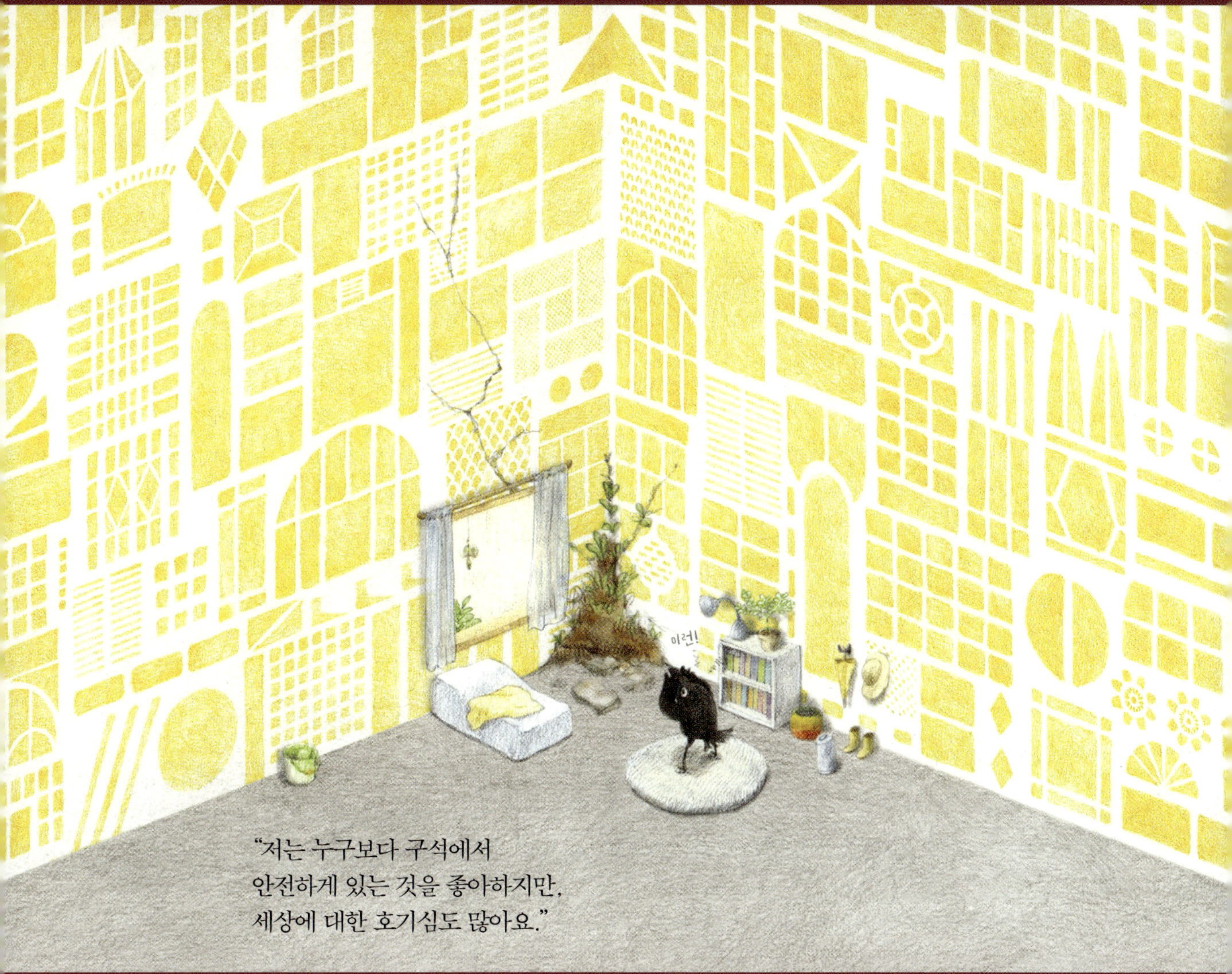
이런!
"저는 누구보다 구석에서
안전하게 있는 것을 좋아하지만,
세상에 대한 호기심도 많아요."

그렇게 정성 들여 작업하신 결과 《나의 그늘》이 BIB 선정작으로 채택됐군요! 《나의 그늘》은 전작 《나의 구석》에 비해 훨씬 다채로운 색감을 가지고 있는 게 눈에 띄어요. 《나의 구석》은 빛과 이미지로 이야기하는 그림책이라고 하셨어요. 《나의 그늘》은 무엇으로 이야기하는 그림책인가요?

《나의 구석》과 《나의 그늘》의 가장 큰 차이는 공간이 변하는 방식입니다. 《나의 구석》에서는 물건, 벽의 그림, 창문 등 모든 것이 주인공의 선택에 따라 변하지만, 《나의 그늘》에서는 대부분 주인공의 의도와는 상관없이 흘러가죠. 우리의 삶도 그렇잖아요. 아무리 계획을 세워도 생각한 대로 되지 않는 일이 훨씬 많고요. 그런 일들이 때로는 절망감을 주기도 하지만 그 흐름을 받아들이고 잘 어우러지게 하면 주변 세상이 더욱 다채로워질 수 있는 것 같아요.

그래서 《나의 그늘》에서는 색상과 요소를 더욱 다양하고 풍부하게 표현하게 되었어요. 이를 보는 독자분들이 변화 속에서의 즐거움과 풍요로움을 느끼길 바라면서요.

변화 속 즐거움과 풍요로움은 면지에서도 드러나요. 두 그림책 모두 앞 면지와 뒤 면지에 변화를 주셨어요.

요즘 그림책은 파라텍스트(paratext, 본문을 둘러싸고 독자의 이해와 해석을 이끄는 주변 텍스트. 표지, 서체 디자인, 면지 등)를 이야기 일부로 활용하는 작품이 많습니다. 저 역시 그런 책들을 감명 깊게 보았고, 책의 표지에서 면지로 넘어가는 순간부터 이야기는 시작된다고 생각해요.
아직 면지를 적극적으로 활용하는 작품은 못 해 보았지만, 독자가 책에서 일어나는 일에 호기심을 느끼고, 책을 닫는 순간까지 여운을 즐기기 바라는 마음이 면지에도 담긴 것 같아요. 그래서 《나의 구석》에서는 색으로, 《나의 그늘》에서는 《나의 구석》에서 이어지는 모퉁이와 마지막의 변화된 환경으로, 좀 더 독서의 경험이 풍부하게 이어지도록 면지를 꾸려보았어요.

역시 작가는 그림책의 작은 구석 하나 허투루 쓰는 법이 없군요. 그렇기에 더욱 어려운 질문이 될 것 같습니다. 《나의 그늘》에서 작가가 생각한 베스트 장면을 하나 꼽아주실 수 있을까요?

이런 질문은 언제 받아도 쉽지 않네요. 장면마다 다른 이유로 저에겐 의미가 있지만, 굳이 고르자면 마지막 장면일 것 같아요. 책의 첫 장면에 있던 까마귀는 계획도 상상도 못 했던 새로운 세상이 펼쳐지는 순간이잖아요. 그릴 때는 풀을 한 땀 한 땀 심느라 힘들었지만, 완성 후엔 볼 때마다 까마귀에게 이입하며 미소 짓게 되는 장면이에요.

세상에, 그 많은 풀을 한 땀 한 땀 심으신 거였어요? 듣는 제가 다 땀이 나네요. 계획하고 있는 신간이 있다면 그것 역시 한 땀 한 땀 정성 들여 그리고 계실 것 같아요. 지금까지 출간한 그림책 모두 공간을 다루고 있고, 그 공간과 주인공이 맺고 있는 관계들이 점점 확장되고 있어요. 다음 그림책도 그 연장선에 있을지 궁금해요.

아무래도 제가 세상을 인식할 때, 인물보다는 공간에 더 초점이 맞춰져 있다 보니 그런 시선이 책에도 드러나는 것 같아요. 지금 준비하고 있는 책은 처음으로 까마귀가 주인공으로 등장하지 않을 예정입니다.
하지만 기존 작품들과 완전히 단절된 책은 아니에요. 공간과의 관계, 이야기의 흐름 등에서 연결고리가 남아있습니다. 자세한 것은 책이 출간된 후에 〈라키비움J〉를 통해서 이야기할 기회가 있으면 좋겠네요.

까마귀가 주인공이 아니군요! 궁금하지만 신간이 나올 때까지 나의 구석에서 잠잠히 기다려 보겠습니다. 작가를 둘러싼 세계의 많은 것들을 애정 어린 시선으로 관찰하고 더 나은 방향으로 향할 수 있게 하려고 노력하는 조

오 작가님, 그림책을 통해 독자에게 전하고 싶은 메시지가 있나요?

제가 독자에게 전하고 싶은 메시지는 책이 이미 충분히 말해주고 있다고 생각합니다. 다만, 모두 다른 삶의 속도를 가지고 있기에, 각자의 구석과 그늘에서 무엇을 하며 머무를지, 언젠가 그곳을 떠날지 아니면 계속 머무를지는 스스로 선택하길 바랍니다. 그 무엇도 정답은 아니니까요. 충분히 그 시간을 누리고 그 안에 있는 자신을 보듬어 주면 좋겠어요.

> "저는 까맣지만,
> 빛나는 것을 좋아하며,
> 관찰하는 작가입니다."

실제로 봐야 더 멋진 그림책 물성의 세계

제일 재미있는 걸
하고 싶어서
성실하게 실험하고,
아름답게 만드는

조수진

에디터 | 하예라

'하고 싶어? 그럼 해 보자!' 마음의 소리를 따라 하나씩 하다 보니 오늘날의 조수진이 있었다. 원하는 바를 이루기 위해 포기하지 않고 매일매일 꾸준히 반복하는 것, 남이 알든 모르든. 나 자신을 사랑하니까, 나 자신에게 당당하기 위해 잠자고 밥 먹고 화장실 가고 아이를 돌보는 시간 외에는 그림 그리는 일에만 몰두한다는 조수진 작가. 오늘보다 내일 더 성장한 나를 바라보는 게 자신이 생각하는 위대함이라고 말하는 그녀는 남들이 가는 쉬운 길이 아니라 자신을 기꺼이 태울 수 있는 열정이 이끄는 대로 그림책을 만든다. 그래서인지 그녀가 만든 그림책들은 개성이 넘친다. 제일 재밌는 걸 하고 싶어서 매일매일을 근면 성실하게 사는 위대한 조수진 작가의 인터뷰!

BIB 2025 한국 출품작

《위대한 완두콩》 조수진 글·그림, 어흥대작전
완두콩으로 태어났으면 번쩍 번쩍 빛나는 완두콩 통조림이 되는 걸 당연하게 받아들이던 완두콩 세계에 이상한 완두콩이 나타났다! 통조림이 되는 대신 우주비행사가 되어 우주로 가고 싶은, 작지만 단단한 완두콩의 위대한 여정을 그린 작품이다. 책의 물성이 아닌 이야기에 오롯이 집중한 그림책.

● 실험 정신이 돋보이는 조수진 작가의 그림책

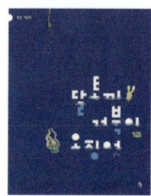

《달토끼, 거북이, 오징어》
조수진 글·그림, 반달(킨더랜드)
2016 볼로냐 어린이 도서전 올해의 일러스트레이터 선정작. 책장을 아래에서 위로 넘기는 형태로, 판형을 활용해 하늘과 땅, 그 사이의 공간을 만든다.

《2053년 이후, 그 행성 이야기》
조수진 글·그림, 글로연
벽에 걸고 감상할 수 있는 스크롤 타입의 접이책 형식. 어두운 곳에서는 캐릭터가 야광으로 드러나고 별책으로 연구 노트가 딸려 있다.

《거울책》
조수진 글·그림, 반달(킨더랜드)
감정 표현을 어려워하는 큰딸을 위해 만든 책. 낱장으로 뜯어 가면처럼 쓸 수 있도록 실선이 있고, 얼굴을 다 덮을 수 있는 커다란 판형으로 만들었다.

《경복궁 친구들》
조수진 글·그림, 어흥대작전
파노라마로 펼쳐지는 접이식 책. 궁궐의 건축양식을 하나씩 열어보는 관문으로 만들었다.

지루한 게 싫어 재밌는 작업을 찾다 보니 책의 형태도 다양해졌어요

작업한 그림책마다 책의 물성에 대한 실험 정신이 돋보입니다. 책을 만들 때의 작업 방식을 소개해 주세요.

저는 상상하거나 멍을 때리고 있을 때가 꽤 많은데 그럴 땐 보통 이야기를 만들고 있는 경우죠. 그래서인지 더미북(출판이나 인쇄 전에 실제 책과 같은 형태로 미리 만들어 본 견본책)이 참 많아요. 수많은 더미북을 쌓아 두고 계속 생각을 하다 보면 갑자기 이야기가 하나로 맞춰질 때가 있어요. 그와 동시에 "됐다!" 하는 신호가 켜지면서 조형도나 이미지가 머릿속에서 구현되기 시작합니다. 그다음부터 출간된 책으로 만들어지기까지는 거침없이 진행되는 것 같아요. 혼자 작업을 하면서 제가 할 수 있는 최대한으로까지 실험해 보기 때문에 더미북이 최종본으로 완성되는 경우가 많아요.

그래서인지 작가님의 그림책은 독서의 즐거움뿐만 아니라 펼치고 만지면서 느끼는 만족감도 큽니다. 상상했던 물성을 구현해 내기 위해 어려운 점도 많았을 것 같아요.

일반적인 책의 물성에서 조금만 벗어나도 작업이 굉장히 힘들어져요. 제본부터 시작해서 수작업도 많아지고요. 도서관 등의 도서를 구매하는 기관에서도 보관하기 '성가신' 책이죠. 오염이나 파손이 되기 쉬우니까요. 그래도 내가 하고 싶은 이야기나 표현하고 싶은 게 생겼을 때 이걸 어떻게 하면 가장 효과적이고 아름답고 독창적으로 책에 담을 수 있을지를 최우선으로 생각합니다. 아무도 이 책을 출간해 주지 않으면 어쩌지 하는 고민은 하지 않아요. 제게 그림책은 예술의 한 장르이기 때문에 나의 작업이 예술적으로 가치가 있는지를 가장 많이 고민합니다.
대신, 이 예술이 책으로 살아남으려면 그 가치를 증명해 낼 만한 작품을 만들어야 한다는 책임감이 늘 있어요. 영화에 비유해 볼게요. 제가 예술 영화를 만드는 감독이자 시나리오 작가라면, 투자자들의 투자금을 손실시켜서도 안 되고 영화를 보러 오는 관객이 실망하거나 표가 아깝다는 생각이 들어도 안 돼요. 내 책을 구매한 독자에게 그 이상의 가치를 전달하려고 늘 고민합니다. '그렇지 않으면 난 끝이다'라는 각오로 매 작품을 만들고 있어요.

그런 마음가짐으로 그림책이 만들어진다니! 독자의 마음마저 웅장해집니다. 모든 작품이 다 귀하겠지만 그래도 지금, 이 순간 독자에게 꼭 소개하고 싶은 그림책이 있다면요?

글로연 출판사에서 나온 《2053년 이후, 그 행성 이야기》를 꼽고 싶어요. 워낙 오랜 시간 작업했고, 나올 때까지도 마음이 졸였거든요. 이 책이 출간됐을 때 책을 부여잡고 울었어요. 남들 앞에서 우는 걸 부끄러워하는데, 책을 보자마자 나도 모르게 눈물이 날 만큼 애증이 담겼어요. 그만큼 어려웠죠.

이 작품은 두 권의 더미가 합쳐져서 만들어진 책이에요. 조형적인 이미지는 《코스모 행성》, 이야기는 《멸종의 역사》 더미북에서 왔죠. 출간은 한 권이지만 두 권의 책을 작업한 만큼의 에너지가 들었고, 물리적인 시간이 들었어요. 두 더미북이 잘 붙을 수 있게 하려고 고심도 많이 했고요.

전 이 책을 출간해 주신 글로연 출판사에게 상을 줘야 한다고 생각할 정도예요. 작가로서는 뭐 하나 빠지지 않고 좋은 퀄리티로 구현되길 원하면서도 독자가 구매하기엔 너무 부담스럽지 않은 가격을 책정하고자 하는 도둑놈 심보가 있는데, 그걸 맞추려고 출판사에서 갖은 애를 쓰셨어요. 별책에, 야광에, 접이책 제본에 제가 하고 싶은 걸 다 했거든요. 그런데 이 책이 야광인 걸 독자들이 잘 모르시더라고요. 조금 더 친절하게 안내했으면 어떨까 싶어요. 하지만 북페어에서 이 책을 소개하면 소개하는 족족 다 사 가시더라고요? 하하. 볼 때마다 새로운 부분을 발견하는 재미가 있는 작품이랍니다.

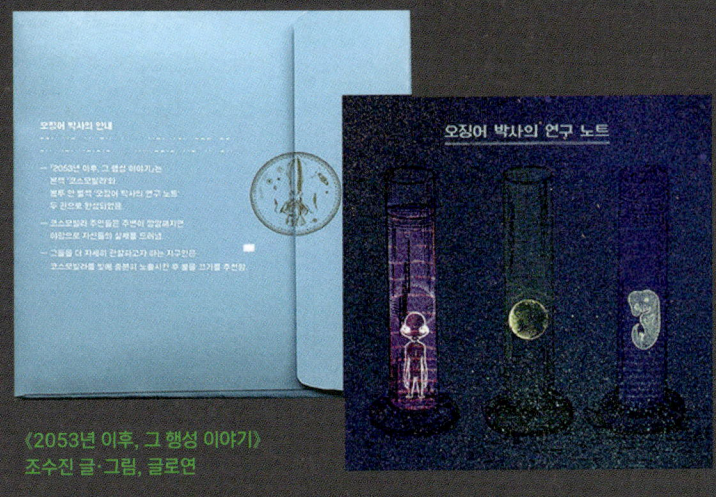

《2053년 이후, 그 행성 이야기》
조수진 글·그림, 글로연

우주에 가고 싶은 완두콩의 무모하지만 위대한 여정 BIB 선정작 《위대한 완두콩》

이제 《위대한 완두콩》 이야기를 해 볼까요? 이 작품은 책의 물성에 대한 실험 없이 이야기에 온전히 집중한 그림책입니다. 그래서 작가님의 그림을 더욱 자세히 보게 되더라고요. 이 책은 어떤 재료와 도구를 사용해서 그림을 그리셨나요? 그림 기법도 궁금합니다.

기본 스케치는 연필로, 이후에 연필과 색연필로 질감을 만들어요. 그 작업물로 미스-오프셋 프린트(mis-offset print: 인쇄 과정에서 일부러 색을 정확히 맞히지 않고 어긋나게 만드는 인쇄 기법)를 하면 망점들이 생기죠. 제가 1980~90년대 컬러 TV 화면에 매력을 느끼거든요. 색감도 비비드하고요. 이 출력물과 함께 반듯하지도 않고 똑 떨어지지도 않는 도형과 선을 만들고, 이것들을 스캔해서 컴퓨터에서 조합합니다. 예전 정사각 모니터 텔레비전에서 방영되던 프로그램의 느낌을 추구하며 만든 이미지랍니다.

일부러 망점과 어긋난 이미지를 만들어 연출하신 거군요. 어쩐지 예전 만화영화를 보는 기분이 들더라니! 이 작품에서 작가의 베스트 장면을 하나 꼽아 주신다면요?

진짜 어려워요!! BIB 선정작이 되면 그림 다섯 점 정도를 보내야 하는 데 매일매일 좋은 컷이 달라지더라고요. 인터뷰하는 지금은 로켓이 쏘아져 날아가는 장면이 좋습니다.

작업의 많은 부분이 컴퓨터에서 이루어지겠네요. 작업은 주로 어디서 하세요?

집의 방 한 칸을 작업실로 쓰고 있어요. 출퇴근 시간도 아깝고 밖에 나가려면 뭐라도 찍어 발라야 하는데 그것도 귀찮고요. 집이 제일 효율적이더라고요. 제가 팬데믹 시기에 홍콩에 살고 있었거든요. 홍콩은 너무 습해서 종이를 사두면 곰팡이가 피었어요. 다양한 재료를 공수하기도 어렵고 해서 그때부터 종이에 펜으로 그림을 그리듯 컴퓨터로 그림 작업을 시작했어요. 그러다 보니 원화라고 할만한 게 안 남아요. 스캔하고 난 조각난 그림들은 그냥 폐기해요. 데이터로만 가지고 있습니다. 근데 그게 또 아쉽더라고요.

정말요. 아쉽겠어요. 물성을 탐구하는 작가에게 원화가 남지 않는다는 사실이 아이러니하네요.

그러니까요. 언젠가부터 풀리지 않는 욕구가 생기더라고요. 그래서 처음부터 끝까지 만질 수 있는 온전히 물질로 이루어진 작업을 하고 있어요. 캔버스에 오일 파스텔로 그림을 그리고 있답니다. 그림책을 위한 그림이 아닌 제 생각이 담긴 이미지를 한 컷 한 컷 담은 그림들이죠. 이 그림들로 내년에 개인전을 열 생각입니다.

> "그만두고 싶어?" 아니었어요.
> 그러기엔 제가 그림책을 너무
> 사랑하더라고요.

조수진 작가의 개인전이라니, 벌써 기대가 됩니다. 《위대한 완두콩》에 수록된 작가의 말 "포기하지 않고 유쾌하게 위대해지고 싶었던" 작가님은 이미 위대함의 반열에 오른 것 같아요. 작가님께서 생각하는 '위대함'이란 무엇인가요?

저희 엄마가 귀에 딱지가 앉도록 하신 말씀이 있어요. "훌륭한 사람이 되어라."
엄마에게 훌륭한 사람은 자기도 행복하고 남도 행복하게 하는 사람이었거든요. 이 가르침이 제게도 깊게 남아 나도 이런 사람이 되어야 하는 생각이 제 안에 항상 있었죠. 그런데 어느 날, 내가 작가로서 잘하고 있는지 의문이 들더라고요. 지금은 제가 참 행복하지만, 예전엔 정말 치열하게 살면서도 '난 왜 이렇게 후지지, 별로지'라고 생각할 때가 더 많았어요. 사실 지금도 예전과 크게 달라진 건 없어요. 마음가짐만 달라졌죠.

어느 날 이런 생각이 들었어요.
'오늘 내가 그만두면 작가로서 난 그냥 끝나는 거야. 내가 다음 책을 안 낸다고 누가 기다리기나 할까?'
진짜 우울해지더라고요. 그래서 나 자신에서 진지하게 물어봤죠.
'그만두고 싶어?' 아니었어요. 그러기엔 제가 그림책을 너무 사랑하더라고요.
그럼 이제, 그만 찡찡대자 결심했죠. 유쾌하게 위대해지고 싶었어요. 남들에게도 이렇게 말하곤 해요.
"내가 바꿀 수 있는 부분이 아니면 그냥 놔둬. 내가 할 수 있는 것을 신나게 하자. 그건 내가 바꿀 수 있는 거잖아."
제가 즐거운 에너지를 내뿜고 그걸 남에게도 전하려고 노력하는 것, 저에게 위대함이란 그런 것 같아요.

와, 저도 그 에너지를 받고 위대해지고 싶어요! 자신이 바꿀 수 있는 부분은 과감히 바꾸고 그 에너지를 전달하는 데 진심이라는 건 작가의 그림책 속 캐릭터에서도 물씬 느낄 수 있어요. 완두콩이 어쩐지 작가를 닮은 것 같기도 해요.

맞아요. 이 책은 저를 담은 이야기이기도 해요. 그림책에서 완두콩은 우주로 가지만 저에게는 나라는 우주를 채우는 이야기이기도 하거든요. 그런 의미에서 완두콩은 저예요. 그래서인지 이 캐릭터가 살아 있을 수 있게 만들고 싶었어요. 그림책 하나로만 끝내고 싶지 않더라고요.

그래서 완두콩 아트토이도 탄생했군요. 그뿐만이 아니죠. 작가님이 운영하는 카페 어흥당에 완두슈페너라는 메뉴도 있고, 카페 벽에 가득 쌓인 완두콩 통조림은 앤디워홀의 〈캠벨 수프 캔〉을 연상하게 하고요. 그림책의 완두콩 캐릭터 자체가 팝아트 같아요.

지금 그림책을 소비하는 독자층이 원하는 게 무엇일까, 나는 어떻게 그림책을 어린이, 청소년, MZ 세대를 넘어 다양한 독자들에게 전달할 수 있을까 하는 고민을 계속하고 있어요. 캐릭터는 굉장히 오래 기억되잖아요. 물론 그 과정이 어렵지만 일단 살아남으면 에너지와 폭발력이 어마어마해요. 그런 작업을 하고 싶었어요. 《위대한 완두콩》 후속작으로 《위대한 여정》이 나와요. 두 책 속 캐릭터도 다 같은 세계관을 공유한답니다.

책을 내고 연관된 캐릭터를 만드는 게 쉬운 일은 아니에요. 출판사에 요구할 수 있는 일이 아니니 그냥 내가 해야겠다 싶었어요. 그래서 지금 하고 있죠. 잘 만든 이야기, 캐릭터는 무한대로 확장 가능하다고 생각합니다. 그렇게 될 때까지 저는 계속 달리려고요.

22세기에도 위대하게 살아남은 완두콩 캐릭터가 눈에 그려집니다! 혹시 또 다른 후속작도 준비 중이시면 소개해 주세요.

어떻게 아셨어요? 준비하고 있는 책이 또 있답니다. 《100KM》라는 우주여행에 대한 그림책이에요. 《2053년 이후, 그 행성 이야기》, 《위대한 완두콩》에 이은 우주 3부작 중 하나랍니다. 제가 꾸는 꿈 대부분이 외계인과 싸우거나 잡혀 가는 내용이에요. 친구가 되는 꿈은 별로 없었지만 그래도 어렸을 때는 외계인이 되고 싶을 정도로 좋아했어요. 그런데 막상 누가 "우주여행 갈래?" 하면 전 쫄보라 절대 못 가요. 무서워서 곤돌라도 못 타는걸요. 그래서인지 더 우주를 동경하는 것 같아요. 우주가 가지고 있는 무한한 시간, 에너지, 공간을 동경해요.
땅에서 발을 디뎌 수직으로 100km를 올라가면 우주인 데에서 제목을 정했어요. 맨 처음에 우주에 간 생명체가 뭔지 아세요? 초파리예요. 왜 초파리일까요? 궁금하시죠? 우주로 쏘아진 동물들에 대한 논픽션 그림책 《100KM》에서 궁금증을 풀어보실 수 있을 거예요.

이런 이야기를 그림책으로 만들 수 있는 능력을 지닌 작가님을 동경하는 작가 지망생들도 많을 것 같아요. 그림책 작가를 지망하는 이들에게 해 주고 싶은 이야기가 있을까요?

그림책을 많이 보세요. 그림책 작가가 되고 싶다면서 정작 그림책을 별로 보지 않는 지망생들이 꽤 있는 것 같아요. 뭐든지 시작할 땐 그 세계를 탐구하고 연구하는 자세가 필요해요.

마지막 질문입니다. 조수진 작가를 세 개의 단어로 표현하자면 어떤 단어일까요?

"저는 재밌고,
독특하고,
행복한 것을
추구하는 작가입니다."

조수진이라는 나무에 지금 열매가 많아요. 아직 여물어 수확한 게 얼마 없는 거지 달린 애들은 엄청 많거든요. 조금 기다려주시면 조수진 책이라는 과실을 드실 수 있을 거예요. 지금 더미북 따러 갑니다!

조수진 작가의 아트토이 구매처 :
'어흥 대작전' 네이버 스마트스토어

그림책 힙을 이끌어 가는 개성의 세계

감각적 그림으로 '힙'하고
묵직한 메시지로 '대단한'
대형 신인 작가

김소리

에디터 | 임서연

2022년 '제4회 웅진주니어 그림책 공모전' 입상작《정글 버스》로 강렬한 첫인상을 남긴 김소리 작가가 두 번째 그림책《동물원 탈출》로 BIB 2025 한국 추천작에 이름을 올렸다. 함께 선정된 작가들 중 나이도 그림책 이력도 가장 막내다.
하지만 단 두 권의 그림책만으로도 심상치 않다. 처음엔 감각적인 그림이 눈을 사로잡지만 마지막엔 이야기가 머릿속에서 마음속에서 다시 시작된다. 김소리 작가의 그림책은 마지막 장을 덮고 난 뒤에도 오래 머문다. 강렬한 색감과 대담한 구성이 빚어낸 상상력의 세계, 그리고 그 안에 숨은 묵직한 메시지까지! 자신을 다채롭고, 발랄하며, 엉뚱한 작가라 소개하는 매력적인 그림책 작가, 김소리를 만나 보자.

● BIB 2025 한국 출품작

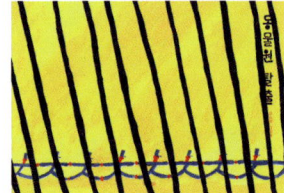

《동물원 탈출》 김소리 글·그림, 웅진주니어
울타리를 벗어나 자유를 향해 달리는 동물들과 이를 막으려는 인간의 추격 속에서 펼쳐지는 이야기이다. 단순한 '쫓고 쫓기는 게임'을 넘어 '자유란 무엇인가', '우리는 무엇을 통제하고 어디까지 허용할 수 있는가'라는 깊은 질문을 던진다.
유머 있고 대담한 화면 구성으로 그림책에 속도감을 주고, 반복되는 형태의 유니크한 배치와 강렬한 보색은 신선한 감각을 선물한다.

● 그림책 세계에 김소리를 알린 첫 그림책

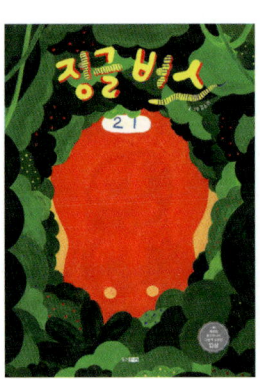

《정글 버스》 김소리 글·그림, 웅진주니어
뱀 때문에 수상한 정글 버스에 탄 아이의 낯설고도 신나는 모험을 담아내고 있다. 동물의 특징을 잘 살려낸 재치 있는 작가의 그림이 돋보인다. 이 책으로 김소리 작가는 '제4회 웅진주니어 그림책 공모전'을 통해 데뷔하였다.

'정글 버스는 김소리 작가의 독특한 상상력과 강렬한 색채, 난센스 같은 아이의 귓갓길을 흥미롭게 표현했다.'
- '제4회 웅진주니어 그림책 공모전' 심사평 중

정글 버스를 타고 그림책 세계 속으로, 대형 신인 김소리의 그림책 작가 입문기

첫 그림책 《정글 버스》를 내게 된 과정을 소개해 주세요. 언제부터 그림책 작가를 꿈꾸었는지, 또 어떤 노력을 들여 데뷔하게 되셨는지 궁금합니다.

스무 살 때부터 본격적으로 그림을 그리기 시작했어요. 그러다 2015년쯤, 그림을 가르쳐 주시던 선생님 밑에서 삽화 작업을 함께 했는데 2년 정도 같이 일을 하니 제 이름으로 그림을 그리고 싶다는 생각이 강해졌죠. 그래서 호기롭게 독립했는데, 막상 나오니 무얼 해야 할지 전혀 감이 안 오더라고요. 결국 이런저런 아르바이트를 하며 시간을 보냈는데, 그 시기에는 그림을 거의 그리지 않았던 것 같아요. 그러던 중 우연히 뮤지컬 한 편을 보게 되었어요. 주인공이 동화 작가로 나오는 작품이었는데 그 공연이 당시 저에게 꽤 큰 감명을 주었던 것 같아요. 뮤지컬을 보고 나서 '그림책 작가가 되고 싶다'는 생각이 들었거든요.

사실 예전에 외주 작업할 때도 누군가가 쓴 글에 그림을 그리는 게 아닌, 기획부터 모든 걸 다 할 수 있는 내 이야기를 할 수 있는 그림책을 만들고 싶었는데 당시엔 너무 어려서 대충 생각하다 말았던 것 같아요. 마침 그때 어머니께서도 그림책을 배워보는 게 어떻겠냐고 권유하셨고, 저는 흔쾌히 좋다고 대답했죠. 그렇게 그림책을 시작한 게 2019년 4월쯤이었어요.

그림책을 하겠다고 결심하고 어떤 이야기를 그려야 할까 고민하다가, 예전에 낙서처럼 그려둔 짤막한 스토리보드를 발견했습니다. 그걸 토대로 이야기를 확장했고, 그게 바로 제 첫 책 《정글 버스》였어요. 원래는 사막도 가고 바다도 가고, 다양한 장소로 향하는 버스였는데, 한 곳에 집중하는 편이 더 좋겠다는 피드백을 받고 정글로 가는 버스로 방향을 좁히고 이야기에 살을 붙였습니다.

그전까지는 막연히 그림을 그리고 싶다는 마음뿐이었다면, 《정글 버스》를 출간하면서 그림책 작가의 길을 계속 가겠다는 뚜렷한 목표가 생겼어요. 처음으로 제 작업에 제대로 몰입하고 집중했던 경험이었고, 그게 지금으로 이어지는 출발점이었습니다.

공모전을 통해 《정글 버스》를 선보이셨는데, 출간 이야기를 조금 더 자세히 해주실 수 있나요? 공모전 팁도 있다면 알려주세요.

《정글 버스》는 ac 그림책 상상이라는 수업을 통해 만들었습니다. 수업이 끝난 후 반년 정도 더 작업해서 그다음 해 공모전에 출품했어요. 그림의 완성도를 최대로 끌어내고자 했습니다. 아무래도 제 강점이 그림이다 보니 강점을 잘 살리는 방향으로 작업을 했던 거 같아요.
팁은 잘은 모르겠지만 제가 생각할 때는 전체적인 완성도와 조화 같아요. 무언가 시선을 끌 수 있는 매력이 작품 속에 담겨 있어야 하지 않을까 합니다.

어릴 적 애니메이션이나, 웹툰, 컴퓨터 작업 그림 등 다양한 그림을 보고 자랐을 것 같은데요. 어린 시절 특히 좋아했던 것이나 현재 작업에 영향을 준 것이 있을까요?

어렸을 때는 애니메이션을 정말 많이 봤어요. 그래서인지 만화 스타일의 그림도 자주 그렸답니다. 그리고 가장 기억에 남는 건 어머니가 그림을 그리시던 모습이에요. 그 모습이 캡처 화면처럼 아직도 머릿속에 남아 있는데, 그 기억 덕분인지 유치원 때부터 화가가 되고 싶었던 것 같아요. 만화가, 화가 같은 장래 희망을 청소년기까지 쭉 가지고 갔던 걸 보면, 어릴 때부터 그림 그리는 걸 좋아했던 거겠죠. 그때의 꿈과 지금 제 모습이 크게 다르지 않다는 게 묘하게 신기합니다.

그림 그리시는 어머님이라니, 작가님의 솜씨는 피를 물려받은 거군요! 그럼 가장 좋아하는 그림책 작가와 그림책이 있다면 소개해 주세요.

아라이 료지 작가의 《버스를 타고》를 가장 좋아해요. 색감과 구도, 그림책 화면 안에서 보여 줄 수 있는 아라이 료지 작가님의 다이내믹한 면을 좋아합니다.

김소리 작가의 다양한 스타일 그림

작가님의 그림은 한 사람이 그린 거라고 믿기 어려울 만큼 다양한 스타일의 그림(잉크, 아크릴, 색연필, 오일 파스텔 등)을 보여 주는데 그중 본인을 가장 잘 나타낸다고 생각하는 스타일은 무엇인가요?

굳이 하나만 고르고 싶지는 않아요. 이것도 제가 그린 것이고, 저것도 제가 그린 것이니까요. 예전에는 스타일이 너무 제각각이라 혼란스럽기도 했습니다. 하나를 정하면 나머지는 감춰야 할 것 같았는데, 그게 늘 아쉬웠어요. 똑같이 제 손에서 나온 것인데 일부러 숨긴다는 게 마음에 걸렸거든요. 그래서 어느 순간부터는 그냥 다 보여주기로 했습니다. 그렇게 마음을 정리하고 나니 한결 가벼워졌고, 작업도 훨씬 잘 풀리더라고요. 지금은 어떤 방식으로 그리든 결국 저를 드러내는 과정이라고 생각하며 즐겁게 작업하고 있습니다. 스타일의 차이는 단지 표현 방식의 차이일 뿐, 모두 저라는 한 사람 안에서 자연스럽게 이어지고 있다고 느낍니다.

**뮤지컬을 보고 결심했다.
그림책을 만들자!**

그렇다면 《정글 버스》, 《동물원 탈출》의 그림책 속 그림도 즐겨 그린 스타일인가요? 아니면 그림책을 위한 그림을 그리신 건가요?

제가 원래 즐겨 그리던 그림 스타일과 그림책 속 그림은 사실 조금 달라요. 기존 스타일은 그림책보다 훨씬 자유롭고 즉흥적인 느낌이 강한데, 그림책 작업을 하면 아무래도 잘 보여줘야 한다는 생각이 들어서인지 조금 더 정돈되고 깔끔하게 그리게 되더라고요. 앞으로는 그림책도 지금보다 조금 더 자유롭게 표현해 보고 싶습니다. 그러려면 역시 많이 그려봐야겠지요.
다만 《동물원 탈출》은 구조 자체가 반복되는 패턴에 가까워서 너무 자유롭게 풀면 오히려 어지러울 수 있다고 생각해 일부러 깔끔하게 그리려고 했습니다.

《동물원 탈출》을 그릴 때 사용한 재료와 도구, 그리고 원화를 그림책(인쇄물)으로 잘 표현하기 위해 고민한 부분이 있다면 알려주세요.

아크릴을 사용해 그렸습니다. 붓 터치가 또렷하게 보이도록 종이 질감도 매끈매끈한 것으로 골랐어요. 원화를 스캔 후, 후보정할 때도 붓 자국이 선명하게 보이는 데 중점을 두었어요.
또 동물의 색은 보라색과 노란색 계열로 통일했는데, 일부러 색을 절제해 사용했지요. 복잡해 보이지 않도록 하

《동물원 탈출》에서 홍학이 고개를 드는 장면을 가장 좋아합니다.
책의 매력을 확 드러내는 장면 같아요. 다리인 줄 알았는데 "어?!" 하게 되는 장면이잖아요.
이 장면을 시작으로 동물들이 요리조리 숨고 고개를 내밀어요.

고, 대신 보색 대비를 활용해 단순하면서도 임팩트 있게 표현하고자 했습니다.

임팩트 있는 표현 때문인지 작가님 그림은 마치 다른 세상에 온 것 같은 강렬한 색채와 참신한 레이아웃이 눈에 띄는데요. 짧은 문장 속 위트도 돋보입니다. 그림책을 만들 때 특히 중요하게 여기는 부분은 무엇인가요?

색은 사실 직관적으로 선택하는 편이에요. 논리적으로 설명하기는 어렵지만, 작업할 때 은연중에 더 튀는 색을 고르게 되는 것 같아요. 레이아웃은 화면 구성을 재미있게 만들 방법을 고민하며 스토리보드 단계에서 많이 생각합니다. 그림에서 명암이나 투시를 잘 사용하지 않다 보니 평면 화면 속에서 그림이 돋보일 방법을 찾게 돼요. 이야기하고 보니, 제가 그림책 작업을 할 때 가장 중요하게 생각하는 부분도 레이아웃 구성인 거 같네요. 그림책은 글도 매우 중요하지만, 이미지가 전면에 드러나는 장르이기에 시각적으로 매력적이게 보이도록 고민하고 있어요. 매력적인 그림, 그게 제 강점을 가장 잘 살리는 길이라고 생각합니다.

버스를 타도 엉뚱한 상상 속으로!

《정글 버스》, 《동물원 탈출》 모두 동물을 다루고 있는데, 아이디어는 어디서 얻으시는 건가요? 이 책을 통해 하고 싶은 이야기도 궁금합니다.

원래 동물 그리는 걸 좋아해요. 동물은 사람과 달리 특징 잡을 만한 부분이 많아 그림으로 그리면 재미있는 형태가 되거든요.
《정글 버스》는 주인공 혼자 동떨어진 순간을 표현하고자 했고, 또 정글로 가는 버스이니 동물이 타고 있을 것이라는 단순한 생각에서 시작했어요. 제가 경기도에 살아서 긴 시간 버스를 타는 일이 많은데, 창밖을 보다 보면 낯선 곳으로 여행하는 기분을 느꼈던 적이 꽤 있었어요. 그 순간을 그림책으로 담아내고 싶었고, 가끔 잘못된 버스를 탔을 때의 불안감, 다른 방향으로 가는 버스이기에 볼 수 있는 다른 풍경들, 돌고 도는 그 순간들이 마냥 불안하고 두려운 순간이 아닌 여행이 될 수도 있다는 생각을 담고 싶기도 했습니다.

《동물원 탈출》은 탈출한 동물들이 도시 곳곳에 자신의 모양과 비슷한 조형물에 몸을 숨기면 어떨까 하는 생각에서 출발했어요. 이 책의 결말을 묻는 분들이 많아요. 탈출은 했지만 목적지가 없거든요. 어떻게 끝을 낼지 고민이 많았습니다. 동물들이 각자 살던 곳으로 갈까, 아니면 어떤 유토피아를 찾을까? 그런데 사실 이건 우리의 바람일 뿐, 실제로 갇힌 동물이나 자유로운 동물 모두 인간에게 쫓기는 존재라는 생각이 들었습니다. 아마 이건 영원히 지속될 수밖에 없겠죠. 그래서 근사한 목적지를 책에서 보여 주고 싶지 않았어요. 현실과 맞닿은 느낌을 책의 마지막에 보여 주고 싶었습니다. 인간은 자의든 타의든 동물을 계속 쫓고, 동물은 인간을 피해 달아나겠죠. 그걸 보여주고 싶었습니다. 도망쳤지만 파라다이스는 없는, 조금 슬픈 이야기예요.

근사한 목적지보다 독자들에게 더 뜻있는 결말인 것 같아요. 마지막으로 그림책 작가를 꿈꾸는 이들을 위해, 가장 최근 데뷔한 작가로 팁을 전한다면 어떤 것이 있을까요?

최근에 데뷔하긴 했지만, 그림을 그린 시간은 꽤 길었습니다. 8년 정도 그림을 그렸어요. 아무것도 이루지 못하고 아르바이트를 하며 그림만 그렸지요. 그럼에도 마음 한구석에는 "나는 될 거다"라는 이상한 확신이 있었어요. 그게 저 자신을 믿은 건지, 아니면 자만심이나 미련이었는지는 잘 모르겠지만요. 허송세월 같아 조급해질 즈음 처음 목표를 세우고 완성을 해 본 게 그림책이었습니다. 그래서인지 저는 무엇보다 완성하는 것이 중요하다고 생각해요. 사실 이건 저 자신에게도 늘 말입니다. 끈기를 가지고 끝까지 완성한다면, 그것이 어떤 모습이든 언젠가는 그것들이 기회로 이어질 거라고 믿습니다.

"아무것도 이루지 못하고 아르바이트를 하며 그림만 그렸지요.
그럼에도 마음 한구석에는 '나는 될 거다'라는 이상한 확신이 있었어요."

오랜 시간 자신을 믿으며 그림을 그려온
김소리 작가의 시간이 오롯이 담긴,
작가의 작업실

《동물원 탈출》의 작업 과정을 들여다 보자!

STEP ① 스토리보드

초기 스토리보드에서는 눈앞에서 허술하게 숨은 동물들을 알아채지 못하고 그대로 지나쳐 버리는 얼렁뚱땅 덤벙거리는 경비원들의 모습에서 재미를 찾고자 했던 거 같아요.

STEP ②~③ 이미지 작업

원래는 동물을 독립문, 강남 빌딩처럼 실제 있는 건축물 속에 숨기면 어떨까 해서 국내에 있는 건물, 조형물을 찾아서 그려 보았어요. 하지만 뭔가 한계가 있는 거 같아 꼴라주처럼 건물의 사진을 동물 모양에 맞게 오리고 붙여보거나 하는 작업도 진행했었지요. 하지만 그것도 힘들었어요.

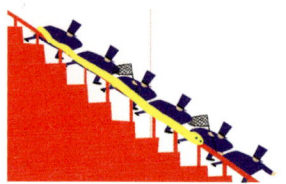

STEP ④ 스케치 작업

실제 건축물에 동물을 맞춘다는 설정은
버리니까 이야기가 잘 풀렸습니다.
동물을 어떻게 어떤 식으로 감출지 경비원이
어떤 식으로 찾아다닐지를 이리저리 고민하면서
스케치 형식으로 꽤 많이 그렸던 부분입니다.
현재 그림책이랑 비슷한 부분이 있어요.

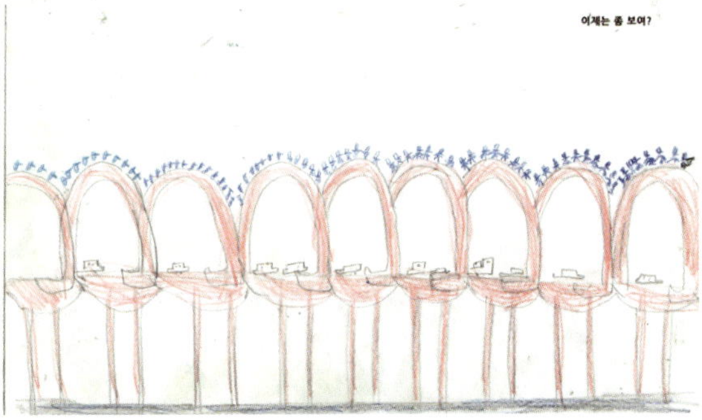

STEP ⑤ 디테일 설정

스케치를 잡고 장면들을 다듬고 뺄 장면들을 빼고 이때부터 색감을
조금 맞췄는데 그림을 돋보이게 하는 색들을 골랐던 거 같아요.
그리고 경비원들의 모습도 바뀌었는데 좀 더 재미있는 모양이었으면 좋겠고,
올가미처럼, 뭔가 하나로 일관성있게 움직이는 걸 극대화 했으면 좋겠어서
그게 잘 표현되는 방향으로 고민했습니다.

▶완성!

상상력 폭발 사랑스런
캐릭터의 세계

그림책 세계에서
당신에게 보내온 암호

"츠츠츠츠".

이지은

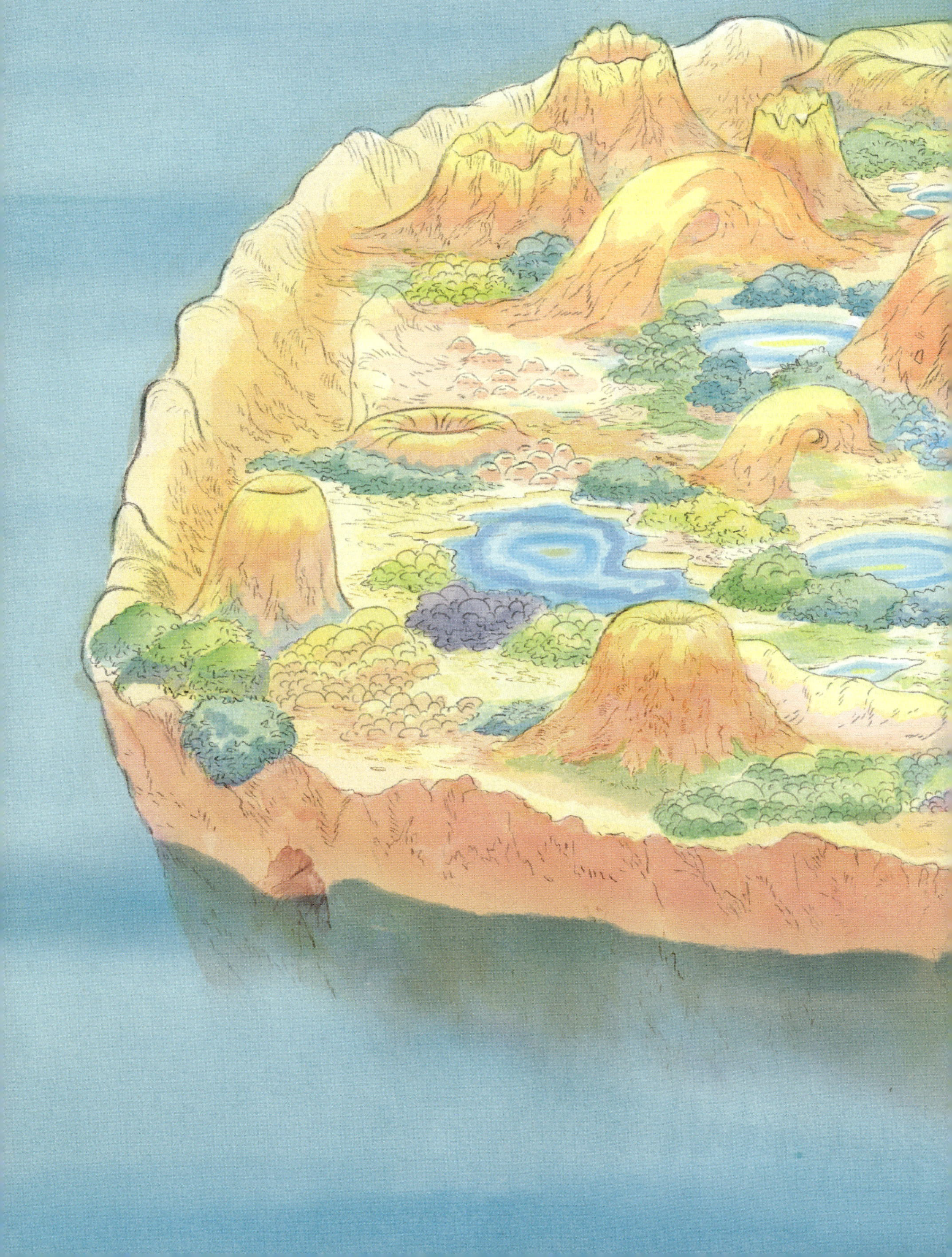

에디터 | 이시내

그림책을 좋아하는 독자라면 한 번쯤은 읽었을 거라고 단언하는 작가가 있다. 처음엔 귀여워서 손이 갔다가 재미있어서 자꾸 읽다 어느 날 '이런 장면이었어?' 하고 놀람을 선사하는 그림책의 매력을 가진 이지은 작가가 그러하다. 《종이 아빠》, 《할머니 엄마》, 《빨간 열매》, 전설 시리즈 《팥빙수의 전설》, 《친구의 전설》, 《태양 왕 수바:수박의 전설》, 《이파라파냐무냐무》, 《츠츠츠츠》, 《먹어 보면 알지》 등 아이들에게 듬뿍 사랑받는 작가에게 인터뷰를 청해 본다.

(작가의 개인 사정으로 인터뷰는 진행하지 못했지만, 동의하에 2025년 1월 17일 사계절출판사에서 필자가 진행한 겨울방학 교사 연수를 발췌한다.)

BIB 2025 한국 출품작

《츠츠츠츠》 이지은 글·그림, 사계절
전작에서 칫솔을 메고 떠난 털숭숭이 입안에는 잠든 마시멜롱이 있었다. 끝없이 헤엄쳐 낯선 섬에 도착하자마자 기절한 털숭숭이와 당황한 마시멜롱 앞에 정체 모를 괴물이 나타난다. 마시멜롱은 살아남을 수 있을까? 털숭숭이는 괴물과 맞서 이길 수 있을까?
두둥! 개봉박두! '만화' 장르의 기법들을 적극 들여와, 놀라운 세계관의 이야기를 짓는 이지은 작가의 신작.

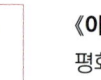 **《츠츠츠츠》를 읽기 전 꼭 먼저 읽어야 하는 그림책**

《이파라파냐무냐무》 이지은 글·그림, 사계절
평화로운 마시멜롱 마을에 "이파라파냐무냐무!"만 외치는 커다란 털숭숭이가 나타났다. 거대한 몸집과 커다란 소리에 "저건 분명 우리를 잡아먹겠다는 신호야!" 겁먹은 마시멜롱들은 온갖 작전을 세우기 시작한다. 이 오해와 소동의 끝은 과연 어떻게 될까? 마시멜롱 마을에 다시 평화가 찾아올까?

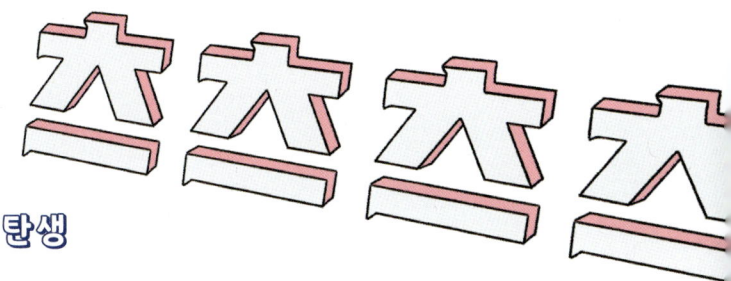

입에 감기는 네 글자, '츠츠츠츠'의 탄생

안녕하세요. 이지은 작가님. 《라키비움J 블루》 작업 덕분에 신간 힌트를 접했던지라 설레며 책을 기다렸습니다. 《츠츠츠츠》 제목을 보자마자 무슨 언어인가! 마시멜롱은 인류와 같은 언어를 썼는데! 제목을 결정할 때 고민 없이 바로 정한 제목인가요? 아니면 수많은 후보 가운데 하나였을까요?

분홍색 아이가 탄생할 때부터 그 인물이 쓸 말은 이건데. 책 제목도 이걸로 가야겠다 싶었어요. "츠"를 네 글자로 할지 세 글자로 할지 그 정도만 고민했어요. 사계절에서 조금 가볍게 다른 제목도 제시해 주셨는데 제가 간곡하게 부탁을 드렸습니다. "츠츠츠츠"라고 소리 내봤더니 "츠츠츠" 보다는 "츠츠츠츠" 했을 때 입에 담긴다는 느낌이 들어 네 글자가 되었습니다.

네 글자라 움직임이 훨씬 더 잘 사는 거 같아요. 그림책이 나오기 전 괴수물이란 힌트를 들었어요. 그래서인지 표지부터 붉은 창을 든 마시멜롱 뒷모습이 어찌나 비장하던지요. 내지에는 없는 그림이 표지입니다. 표지도 여러 후보가 있었을까요?

후보가 있긴 했지만, 콘셉트가 다른 건 아니었어요. 구도가 다른 한 장을 더 그리고 고민했는데 금세 결론이 났습니다. 처음부터 괴수 두 마리가 지금 일촉즉발의 대결을 앞둔 상태로 그리고 싶어서 몇 가지 구도만 카메라 시점으로 그렸어요. 마음속으로 계속 이 표지를 구현하고 싶었습니다.

낯설지만 귀여운 괴물입니다.

'츠츠' 생김새는 어떻게 잡아 나가셨나요?

이야기가 떠올랐을 때 언뜻 보면 친근하지 않지만, 너무 무섭지 않은 거대한 뭔가가 있었으면 좋겠다 했어요. 다리는 여러 개였으면 해서 이 상태로 그림을 그렸습니다. 저는 귀여웠는데 남편한테 보여줬더니 징그럽다고 하는 거예요. '누구도 징그럽다고 생각하면 안 되는데.' 싶어서 다시 동글동글하게 그리고 마디도 분절시키며 캐릭터를 다듬었습니다.

움직이는 섬과 바다, 이어지는 세계관 확장

《이파라파냐무냐무》 마지막 장면과 이어지는 첫 장면입니다. 신비한 생명체가 가득한 바닷속에 마시멜롱이 선물로 준 칫솔을 놓치기도 합니다. 글 하나 없이 이어지는 그림만 봐도 기다리던 마블 최애의 속편을 보는 것처럼 설렜습니다. 그리고 도착한 섬! 이 세계가 연결되었다는 것만으로도 독자는 가슴이 벅찼습니다. 작가님은 이미 다 계획이 있으셨던가요.

처음에 구상을 한 건 아니었는데 《이파라파냐무냐무》를 마무리하면서 세계관이 생겼어요. 그때 '움직이는 섬'이라는 지도도 만들고 있었어요. 그림책에 들어가진 않았는데 캐릭터들이 진짜 현실에 살고 있다면 '이런 곳에서 살겠구나.' 하면서 조금씩 그려 놓은 것들이 있습니다. 그 세계관 어느 섬에 살고 있는 '츠츠'라고 생각했어요. 여러 섬 가운데 미개척 대륙이 있는데 츠츠가 사는 곳이 그 대륙일 거라고 추측해요. 이 섬들은 물에 둥둥 떠다니는지라 인물이 어느 순간은 만날 수도 있고 어느 순간은 멀어질 수도 있답니다. 스토리를 미리 생각해 두는 건 아니고 생태환경을 설정할 때 중요하게 고려하며 작업합니다.

섬 풍경을 볼 때 땅 위에 둥지나 살 곳이 없어 보였는데 지하에 사는 생명체일까요? 츠츠와 털숭이 둘 다 각 종의 마지막 생명체는 아니겠죠?

맞아요. 이 섬을 설정할 때 겉으로는 아름다운 색을 띠고 있지만 땅 위는 화성처럼 척박하고 살기 힘든 곳으로 했어요. 물색을 예쁘게 채색했지만, 그 물은 먹을 수 없는 물이기 때문에 지하에서 사는 걸로 설정했습니다. '생존에 필요한 것들은 지하에서 구하고, 분화구 여기저기를 다닐 수 있다.'로 했어요. 털숭이도 지하에서 양육되었겠죠. 하지만 섬에서 살아남아야 하니까 지상에서도 어떻게든 살아남는 방법을 배웠을 거로 추측합니다. 먹을 수 있는 음식부터 수영하는 법 등처럼요.

각 종의 마지막 생명체일 수도 아닐 수도 있을 것 같아요. 이들의 뒷이야기를 만들어 놓고 작업하긴 했지만, 아직 확정한 것은 없습니다.

마시멜롱이 저 거대한 생명체를 이길 수 없을 텐데. 기발한 아이디어가 있을까? 애당초 이길 수 없는 설정이었나요?

'이길 필요가 없다.'라고 생각합니다. 저는 거의 모든 책을 '어떤 일이 벌어질 때 그냥 현실에서 할 수 있는 걸 한다.'라는 마음으로 씁니다. 마시멜롱은 츠츠가 당연히 무섭고 이길 수 없다고 생각했겠지만, 얘네들은 거기서 할 수 있는 걸 할 수밖에 없었어요. 누군가를 해칠 수 없을 정도로 약하고 예쁜 꽃대라도 들고 맞서는 게 그 순간 마시멜롱이 할 수 있는 일이었겠죠.

털숭숭이와 분홍 생명체의 관계도 놀랐지만, 새의 정체에 더 놀랐어요. 혼자 있길래 외로워서 털숭숭이에게도 놀아달라고 한 서툰 행동이 아닐까 궁금했습니다.

예. 새도 이름도 있습니다. 처음에 계획할 때는 《츠츠츠츠》 다음에 라이트하게 책을 하나 더 만들려고 했는데 현실적으로 불가능했습니다. 언젠가 뒷이야기로 만들까 싶어 새 이야기는 아직은 비밀입니다.

《이파라파냐무냐무》에서도 맛있는 노란 과일이 궁금했고, 《츠츠츠츠》에서 먹는 열매는 여주랑 비슷할 거 같았어요. 이 열매는 대체 어떤 맛일까요?

《츠츠츠츠》에 나오는 섬을 생각하면서 만들었습니다. 마시멜롱 섬에서 먹는 건 굉장히 달고 상큼해요. 열량도 높고 맛있죠. 그런데 이 섬에서 가장 필요한 건 수분이에요. 그래서 안전하고 건강한 양분과 수분이 많은 열매로 설정했어요. 너무 당분이 높아지면 수분을 공급받기 힘든 섬에서 생존하기 힘들기에 그런 음식이 뭐가 있을까 생각했어요. 지하에서 자라 당도는 낮지만 은은한 트로피컬 과일 맛입니다.

털숭숭이가 수영을 잘해서 깜짝 놀랐습니다. 털숭숭이는 이 섬이 고향이고 지금은 여기저기 떠도는 유랑 생활 중일까요? '또 올게요'라고 해서요.

《이파라파냐무냐무》에서 털숭숭이가 마시멜롱 섬으로 들어올 때도 바다를 통해서 들어왔다는 설정을 해서, 제 머릿속에서 언제나 털숭숭이는 수영을 잘했어요. 물에도 잘 뜨고 악천후에도 잘 견디고요. 털이 몸을 잘 보호하고 몸의 지방층이 바다 수영을 돕고 있어요.
'움직이는 섬'의 세계에서, 섬들은 강한 해류에 의해서 불규칙하게 이리저리 떠다닙니다. 잔잔한 해류 기간일 경우에는 오래 한자리에 머물다가 커다란 폭풍을 만나게 되면 멀리 떠밀려 가지요. 이런 사정들 때문에 털숭숭이가 뜻하지 않은 여행을 하게 됩니다. 섬이 움직이기 때문에 털숭숭이는 몸속에 있는 나침반과 하늘의 별자리를 보고, 어렵지만 집을 찾아오게 됩니다.

작가님 작업 방법도 궁금합니다. 아이디어가 떠오른 뒤 어떻게 정리하실까요. 《츠츠츠츠》도 어떻게 떠올린 건지 영감의 시작이 궁금합니다.

《이파라파냐무냐무》후속 이야기는 꽤 여러 가지를 만들어 놓았어요. 작업을 할 때는 '야호, 모먼트'가 있어야 하는데 제가 만들어 놓은 이야기에는 그 순간이 오지 않았어요. 그래서 오래오래 그 순간이 오기만을 기다리고 있었어요. 그러다가 우연히 다양한 가족의 모습에 대한 쇼츠를 보고 이야기를 떠올렸어요. 전에 더미로 만들었던 《이파라파냐무냐무》후속 이야기에는 항상 털숭숭이는 털숭숭이 종족과 산다는 설정으로만 꽉 차 있었어요. 그런데 다양한 가족 구성원을 말하는 쇼츠를 보자마자 '오. 맞아. 털숭숭이가 다른 존재에게 사랑받은 그런 귀한 아이일 수도 있지 않을까.'라는 생각이 들어 이야기 방향을 확 틀었습니다. 얼른 스케치하고 이야기를 만들었어요. 다행히 '아하, 모먼트'가 생겼죠. 이 책을 만들 때 제 키워드는 '사랑'이었습니다.

작가님이 작업하시면서 가장 힘들었거나 아쉬운 장면이 있을까요?

디지털 작업하면서 츠츠가 사는 섬과 마시멜롱 섬이 차별되지만, 이 세상 안에서 이국적인 색감으로 표현하는 게 난도가 가장 높았어요. 열심히 구현했다고 생각했는데 디지털 작업의 급변에 적응하지 못 하고 색감이 다 날아간 상태라는 걸 인쇄 직전에 깨달았어요. 그래서 다시 세팅해서 처음부터 그렸어요. 인생이 나쁜 것만 있는 건 아니라고 실력이 그사이에 늘었습니다. 다시 그리면서 실력이 느는 바람에 좀 더 그림 완성도가 올라갔습니다. 사람은 역시 스트레스 속에서 성장하나 봐요. 힘든 부분이 좋은 부분이었다고 생각해요.

모스 부호로 숨긴 메시지, 결국은 "사랑"

마지막에 "츠" 한 마디에 털숭숭이가 숨겨진 긴 마음을 말해주잖아요. "그렇게 긴 말이었구나." 하면서요. 그 뒤에 작가의 말에서 혼란에 빠집니다. "츠츠 츠츠츠츠츠." 아이들에겐 맘껏 떠올린 대로 말해 보자 하고 다 맞다고 하는데요. 작가님께서 전하고 싶었던 메시지는 무엇인지 들을 수 있을까요?

사실 정확한 말이 있어요. 모스 부호 박자에 맞춰서 쓴 글이에요. 바로 'I love you.'예요. '널 사랑한다'를 넣고 싶어서 작가의 말에 넣게 됐습니다. 저에게 《츠츠츠츠》는 사랑을 이야기하는 책이었어요. 마시멜롱, 털숭숭이, 츠츠는 모두 사랑을 바탕으로 엮여 있어요. 서로 완전히 다른 존재들이 스스로 희생하면서 서로를 아끼고 지켜내려고 해요. 저는 그들의 사랑을 그리려고 했답니다.

그리고 종종 이야기하는데 저는 좋은 종이 질이나 아름다운 물성에 크게 에너지를 쏟지 않는 편입니다. 제 책이 완전히 너덜너덜한 신문지 조각이나 장난감처럼 쓰여서 확 사라졌으면 좋겠다는 생각해요. 책을 같이 읽고 이야기를 나누는 엄마라면 중간에 한 장 정도는 찢어도 아깝지 않게요. 아이들과 함께 그림책을 읽고 나누는 여러분들의 노고에 언제나 존경을 담아서 감사 인사를 깊이 드립니다.

깊숙한 내면을 들여다보는 치료자의 세계

어두운 구름 사이로 보이는,
눈부신 노을!
이수연

에디터 | 전은주

J에게.
나만 그래? 어떤 그림책은 보고 나면 편지를 쓰고 싶어져. 나는 이렇게 봤는데, 너는 어떻게 봤냐고 나만 이렇게 낯설고도 하염없는 기분이 되냐고 묻고 싶거든. 이수연 작가를 인터뷰하고 돌아오는 지금도 편지를 쓰고 싶어. 인터뷰를 했으면 작가 얘길 써야 하는데, 자꾸만 '나는 어떤가?' 하고 나 자신에 대해서 생각하게 돼. 하여간, 이수연 작가의 그림은, 뭔가 찐득찐득해. 내가 잊고 지내던 어떤 것을 건드리고, 서늘하게 끄집어내고야 마는 그림이랄까. 이 느낌을 어떻게 Q&A로 쓰겠어?

2025년 여름, 라키비움J와 길벗어린이와 함께한 〈이수연의 여름 아뜰리에〉 클래스 때였어. 독자들과 함께 수채화를 그렸는데, 이수연 작가가 락스를 써 보라는 거야. "뭐? 락스?" 나름대로 정성 들여 그렸으나 특별한 것은 없는 내 그림에 이수연 작가가 알려주는 대로 면봉에 락스를 찍어 몇 방울 떨어뜨리자 희한한 일이 벌어졌어. 락스 때문에 수채화 컬러가 하얗게 탈색되기 시작한 거야. 붓펜으로 슬쩍 선을 덧그렸더니 제멋대로 번진 흰 점들은 어느새 돌을 베고 누워 있는 아이가 되고 춤추는 여자가 되었어. 희부연 모습은 어쩐지 '어린 시절의 나' 같기도 했고, 뛰쳐나가고 싶었던 어젯밤의 나 같기도 했어. 어쩐지 내 속을 들킨 것 같아. 한마디로 이수연 그림 같아졌다는 뜻이야.

"동물이기 때문에 내 얘기라고 느낀 게 아닐까요?"

믿어져? 이수연 작가의 그림은 다 내 얘기 같아. 그런데 《비가 내리고 풀은 자란다》를 빼곤 다 동물 얼굴을 하고 있다고. 토끼, 늑대, 개, 심지어 곰. 그런데 이 동물들이 다 나 같다니!
"만약 주인공이 10대 남학생의 얼굴이라면 50대 여성은 감정 이입하기 어려울 수도 있죠. 하지만 토끼 얼굴을 하고 있으면 '아, 토끼처럼 조용하고 마음 약한 성격인가 보다. 나랑 닮았네?' 이럴 수 있잖아요."
작가 본인도 그랬대. 《어쩌다 보니 가구를 팝니다》에서 가구 판매원 곰 사원과 여우 사원이 나오거든. 작가가 실제로 가구 회사에 다니며 겪은 얘기이기도 한데, 사람으로 그렸을 땐 자기 모습이 너무 노골적으로 드러나는 것 같아서 쑥스러웠다. 그런데 곰 얼굴로 바꾸니까 자기 얘기가 아닌 것 같아서 속내를 그리는 게 훨씬 편해졌다는군. 남자도 여자도 아닌, 누구나의 얼굴. 그래서 나를 마음껏 투사할 수 있는 익명성이 우리를 더 깊이 끌어당기는 것 같아.

하지만 이번 BIB 2025 출품작인 《많은 사람들이 바다로 가》에선 배를 타고 바다로 내몰리는 난민들마저 동물 얼굴이라 좀 놀랐어. 공포에 질리고 난민의 슬픈 표정을 실감 나게 그리려면 사람 얼굴이 좀 더 수월하지 않을까? 심지어 새인 거야.
난 이 책을 보기 전까지 새는 표정이 없는 줄 알았어. 그런데 눈망울 외엔 표정을 짐작하기 힘든 것이 오히려 감정조차 박탈당한 난민 신세 같아서 더 극적이더라. 그때였나 봐. 표정을 짓지도 않는데 하염없이 슬퍼 보이는 새가 '난민'이 아니라, 길이 끝나버린 세상 끝 바다로 내몰린 바로 내 모습이라고 느껴진 게.
이수연 작가도 처음엔 이 작품은 사람으로 하려고 했대. 하지만 특정 인종이나 성별, 나이대가 드러나지 않기를 바랐지. 전쟁은 한 국가에서만 일어나는 것이 아니라 전 세계 어디에서나 일어날 수 있는 일이니까.

"새가 표정이 없다고요? 눈빛을 보세요."

처음 글을 읽을 때부터 얼굴은 새지만 날지 못하고 배에 답답하게 갇혀 있는 장면이 떠올랐대. 원래 새는 배를 타지 않고 훨훨 날아가면 되잖아. 하지만 난민은 본래 자신들이 갖고 있어야 할 것들을 잃어버리고 결핍된 존재들이지. 날 수 있으나 날지 못하는 새가 난민의 상태를 더 잘 표현할 수 있겠다 싶었던 거야.
새 중에서도 텃새야. 철새는 계절 따라 이동하지만 텃새는 터를 잡고 살잖아. 난민은 전쟁 때문에 평생 지키고 있던 터를 포기하고 강제로 길을 떠나야 하는 텃새야. 이수연 작가는 텃새 중에도 한국 토종 텃새를 그렸어. 표지에 빨간 머리깃을 세우고 걸어가는 새는 때까치야. 어치, 방울새, 직박구리, 쇠백로, 오색 딱따구리까지 한국 토종 텃새를 골고루 그렸지.

그런 난민도 날아오르는 장면이 있어. 직접 나는 건 아니고 타고 있는 버스가 나는 거야. 글에는 버스가 날아오른다는 말이 없지만, 이수연 작가는 밤바다에 떠 있는 작은 배를 생각했대. 언제 불에 타버릴지, 언제 가라앉을지 모르는 작은 배 위에서도 엄마는 아기를 위해 자장가를 부르는 거야. 다른 사람들도 그 자장가를 듣겠지?

작가는 아이들이 소중하고 손에 쥔 노란 버스 장난감과 곰인형을 떠올렸어. 밤바다에서도 틈틈이 놀기를 포기하지 않는 아이들에게 언젠가 다시 마음 편하게 놀 날이 올 거라고 희망을 주고 싶었대. 커다랗고 환한 달이 둥실 떠오르고, 그 작은 장난감 버스가 붕붕 커져서 하늘을 힘차게 나는 거야. 아이들의 최고 꿈이겠지?
하지만 다음 장에선 그 장난감 버스가 바닷속으로 가라앉아. 그 순간의 글은 이래. '하지만 그들 앞에는 늘 너무 작은 배가 와. 누군가는 남고 누군가는 떠나야 하지.' 이수연 작가, 나쁘다!

독자를 만나러 갈 때 이 캐리어를 쓴다.
곰 사원처럼, 여우 사원처럼.

팔레트는 쌍둥이의 이유식 그릇이었다.
이수연 특유의, 일상에 발 디딘 상상의 세계 같다.

*"그림과 글이 힘껏 부딪히면서도 함께 어우러질 때, 기분이 좋아요.
이게 그림책이구나 싶어요."*

맨 처음 김개미 작가가 발표한 〈많은 사람들이 바다로 가〉 동시가 그림책이 되면서 글이 좀 달라졌어. '그렇지만 어디에나 꽃이 있어' 이 부분은 새로 추가 되었고, 그림으로서는 이 꽃 부분이 절정이 되었지. 바로 앞까지도 그림들이 어둡고 가라앉은 색조였는데, 꽃이 있다면서 환하고 눈부신 나무숲이 펼침면으로 쫙 펼쳐지는 장면에서 "헉" 숨이 막히더라.
"사랑하는 사람들의 죽음을 추모할 때, 어느 나라든지 꽃을 쓰죠. 하지만 펼침면으로 크게 펼쳐진 장면에선 추모의 꽃잎뿐만 아니라 건강한 나무와 힘찬 바람이 있어요. 가슴속에 구멍을 갖고 살아가는 사람들에게 이렇게 아름다운 꽃이 있고, 함께 살아가는 생명들이 있다는 소망을 전하고 싶었어요."

'바다에 도착하면 모든 길은 숨어 버리지만 어떤 길은 거기서 시작돼.' 이 구절은 두 번 나와. 책 앞부분에서는 사람들이 살고 있던 터전에서 내몰려 막다른 곳, 바다와 만난 상황이야. 도망가야 하는데, 길이 사라진 거야. 얼마나 막막할까.
하지만 마지막 부분에 다시 이 문장이 나올 때는 분위기가 완전히 달라. 새롭게 길을 만드는 거지.
"꽃이 피고 바다에 당당하게 날개를 펼치고 새가 마땅히 그래야 하는 모습으로 날고 있는 모습을 보여주고 싶었어요. 이때부턴 그림이 속도를 조절해요. '바다로 가'라는 짧은 글이 있는 페이지에서 하늘을 조용히 날고 있는 새의 모습을 좀 더 오래 바라봐 주셨으면 좋겠습니다." 김개미 시인의 동시 〈많은 사람들이 바다로 가〉에서 마지막 시구는 이거야.
'내가 그렇게 만든 건 아니지만 또 내가 그렇게 만들지 않은 것도 아니야' 그림책에선 빠졌지만 이 시구가 그대로 있었다면 이수연 작가는 어떤 그림을 그렸을까? 이 세상을 이수연의 렌즈로 다시 보고 싶은 거. 나만 그래?

"저는 제가 못 쓰는 종류의 글에 그림 작업을 할 때 굉장히 재미있어요. 저는 어떤 글을 써도 에세이가 되어버리는데, 《많은 사람들이 바다로 가》처럼 시라든지, 노랫말에 맞춰서 작업을 할 때가 있어요. 그러면 제 세계가 확장되는 것 같아요."

이수연 작가는 자기가 직접 쓰고 싶은 이야기는 따로 품고 있대. 지금 얘기하면 상처 받는 사람이 있을 것 같아, 세월이 흘러 혼자 남으면 쓸 거라고 농담처럼 말했지만, 오래 견뎌낸 힘은 이미 경험한 바 있어. 영국 유학 시절 '물의 물성'을 연구하라는 과제 때문에 매일 수채화를 그렸대. 락스를 써 본 것도 그때지. 이야기를 따로 쓰지 않고 마냥 물을 표현하는 그림만 그렸대. 작가도 자기가 왜 그리는지 몰랐던 물에 대한 무의식과 속마음을 그린 스케치북이 한 권 두 권… 13년이 지난 뒤, 그림들은 서로를 찾아갔고 《비가 내리고 풀은 자란다》가 되었어.

작가는 말 그대로 비가 내리고, 풀은 자란 거라고 얘기해. 인생도 그렇대. 주룩주룩 비가 오고 우울이 이어져도, 결국 풀은 성큼 자란다. 세상에 쓸데없는 일은 없다!
이수연 작가님이 20년 가까이 검은 늑대 꿈을 꾼 거 알아? 늑대가 늘 물었대. 넌 나와 무엇을 할 것이냐…. 어린 이수연은 얼마나 두려웠을까. 이수연 작가는 본인이 감수성이 너무 예민한 게 불편했고, 자극을 멈추고 싶었대. 그림을 그리기는커녕 음악도 영화도, 글도 보지 않았어. 그러니 20대는 잃어버린 시간인 줄 알았는데, 지금은 더 이상 그렇게 말하지 않는대. 서른 넘어서 그림을 그리면서 깨달았거든. 그 시간이 없었으면 자신이 얼마나 그림 그리는 걸 좋아하는지 몰랐을 거라고.

"제가 쓸 수 있는 가장 밝은 노랑과 빨강을 쓰고 싶어요."

이렇게 비는 내리고 풀은 자란 경험 때문인가 봐. 나는 이수연 작가의 책은 진득하고 어두우면서도 희한하게도 '어둠'이 혼자 있지 않고, 작은 '밝음'과 함께 있다고 느끼거든. 내가 좋아하는 《어쩌다 보니 가구를 팝니다》 표지 그림이 딱 그래. 피곤한 퇴근길이지만 창밖으로 눈부신 노을이 있어. 내가 "작가님 책은 다 그 느낌이에요." 했더니 작가님이 그러더라. 《표현적 글쓰기- 당신을 치료하는 글쓰기》(제임스 페니베이커·존 에반스 글, 이봉희 옮김, 엑스북스)란 한 책을 자주 읽는대.
글쓰기와 신체적 심리적 건강의 관계 연구자인 제임스 페니베이커 저자 말로는 자기에게 나쁜 일이 있을 때, 글로 풀어내는 게 매우 좋은데, 그걸 슬픔, 상처, 눈물 이런 단어로 표현하는 것보다 '재미있는', '따사로운', '기쁨', '배려' 이런 긍정적인 감정 언어를 사용할수록 더 건강이 잘 회복된다는 거야. 색깔로 치면 노랑 빨강 초록 밝고 선명한 색으로 표현했을 때 그 사람의 예후가 더 좋다는 거지.
"충격적이었어요. 그 후로 제게 일어난 일들이 다르게 느껴지고, 다르게 보려고 하고 있어요. 그 일로 인해서 내가 더 성장하고 더 좋은 사람이 될 수 있었다고 말하고 싶어요."

아! 이거군. 이수연 작가의 책을 보노라면 치유를 받는 기분이 드는 이유! 이수연 작가는 정말 그림을 통해서 치유를 하고 있었던 거야. 그것도 두 방향의 치유! 다른 작가의 글에 그림을 그릴 때 이수연 작가는 타인을 위한 치유를 해.《많은 사람들이 바다로 가》처럼 상처받은 사람들, 우리가 함께 살아가는 사람들에게 희망을 이야기하거든. 바다로 내몰린 사람들, 길을 잃은 존재들에게 다시 길을 그려 주는 거야.

반면, 자신이 글과 그림을 모두 맡은 책들은 자기 자신을 치유하는 과정으로 보여. 좀 더 내밀하지. 《비가 내리고 풀은 자란다》, 《어쩌다 보니 가구를 팝니다》 같은 작품들은 어쩌면 작가의 오래된 일기장이야. 오랫동안 말하지 못한 감정, 지나간 장면, 설명되지 않는 공허, 젊은 날의 결핍들을 용기 있게 그림으로 기록하는 거지. 말 무엇을 의미하는지 낱낱이 알지 못하는 이미지일지라도, 아니 그런 이미지를 더욱더 잊지 않고 그리는 거야. '토해냈구나.'라는 느낌마저 들더라.

경험의 단상들을 이미지로 옮기며 스스로를 객관화하고 수용하는 작업을 작가는 '본능적으로' 해 왔어. 그리다 보면 어느 순간 이미지들이 서로 연결되고, 상처가 형태를 얻고, 이야기가 되는 거지. 인터뷰에 《라키비움J》 표유진 편집장이 사진을 찍느라 함께 갔거든. 표편은 미술심리치료사이기도 해. 미술치료에서 경험의 단상들을 이미지로 표현하는 과정에서 자신이 그 경험을 수용하고, 객관화하는 것, 해석하는 것이 굉장히 중요한 작업이래. 이수연 작가의 방대한 스케치 더미를 보며 "이건 치료실 그 자체"라고 감탄을 하더라.

오늘 인터뷰를 한 줄로 정리하면 이거야. 이수연 작가는 자신의 내면을 꺼내놓으며 스스로를 구원하는 과정에서, 독자는 함께 구원받는다.

"전 정말 그림책 작가가 되길 잘했어요.
하고 싶은 이야기, 토해내고 싶은 이야기가 계속 있어요."

늘 그렇듯 "이수연 작가를 세 개의 단어로 표현한다면?"이라는 질문을 했어. 처음엔 '빛과' '꿈을 그리며' '성장하는' 작가라고 했다가 나중에 문자가 왔어. "'번져 가는'으로 바꿔 주세요. 성장하는 작가라니 조금 부끄러워요. 번지는 건 제가 좋아하는 그림 기법이기도 하고, 영향을 준다는 뜻도 있어서 이게 더 나은 것 같아요."
만약 나더러 이수연을 요약하는 세 단어를 고르라면 이렇게 쓸래. 이수연은 빛나고, 꿈꾸고, 번져 가는 작가입니다. 어둠의 결에서 빛을 파내어 꺼내 보이는 사람. 바다의 끝에서 길을 다시 그리는 사람. 누군가의 마음 한가운데로, 조용히 그러나 확실하게 번져 가는 사람.

BIB 2025 한국 출품작

《많은 사람들이 바다로 가》 김개미 글, 이수연 그림, 문학동네
전쟁과 재난, 폭력과 분쟁을 피해 집을 떠나야 하는 사람들의 이야기, 위험천만하지만 살아야 하기에 길을 떠나는 난민의 이야기를 김개미 시인의 글과 이수연의 그림으로 들려준다. 이수연은 바다 끝 위태로운 여정을 떠나는 이들의 모습을 텃새의 모습으로 의인화해 표현했다. 전체적으로 불투명하고 차분한 색감으로 그려졌지만 중간중간 빛나는 노란색이 난민들의 희망을 보여 주는 듯하다.

128

독자는 작가가 그린 색의 온도, 선의 방향,
여백의 숨결을 느끼며 그림책의 그림을 경험한다.
작가가 표현한 세계를 마음껏 감각한다.

그림책의 그림을 읽는다는 건
작가가 바라본 세계의 호흡을 함께 느끼는 일이다.

한 권의 그림책에 담은 100가지 표현 기법

2011년 BIB 그랑프리 수상작 《달려 토토》

표현 기법 설명 · 조은영

《달려 토토》 조은영 글·그림, 보림

시각적 즐거움으로 무장한 우리 그림책, 세계 무대에서 가장 높은 자리에!

1 《달려 토토》는 2011년 BIB 그랑프리를 수상한 조은영 작가의 첫 책이다. 당시 30세였던 젊은 신인 작가가 국제 무대에서 예술성과 창의성을 인정받으며, 우리 그림책은 국제 무대에서 주목받기 시작했다. 《달려 토토》는 한국 그림책이 세계로 나아가는 신호탄이 된 것이다.

《달려 토토》는 할아버지와 함께 경마장에 가 실제 말을 처음 본 아이의 시선을 그린 작품이다. 말에 대한 순수한 호기심으로 가득한 아이와 달리 어른들의 세계는 마냥 즐겁지만은 않다. 이 책은 조은영 작가의 첫 번째 그림책으로, 우리 일상에 존재하지만 어린이 책의 주제로 등장하지 않았던 장소와 사람들의 풍경을 어린이의 시선으로 바라보고 그려 내며 출간 당시 주목을 받았다. 아이의 눈에 비친 말의 모습, 경주가 시작되었을 때의 역동성, 다양한 사람들의 표정과 군상의 분위기 등이 실제와 변형을 자유롭게 오가며 시각적으로 매우 흥미롭게 표현되었다.

재치 있는 변형, 그리고 변형의 참맛

2 천진스런 아이의 시선을 통해 바라본 말들의 다양한 표정 묘사는 이 그림책의 큰 매력 중에 하나다. 리얼리티(실제성)에 충만한 말들의 정확한 묘사는 변형의 참맛을 느끼게 한다. 오랜 습작을 통해 빚어진 참다운 변형은, 마치 숨어 있는 보석을 발견하는 것처럼 보면 볼수록 새로운 시각적 기쁨을 주는데 《달려 토토》가 바로 그렇다. 신예 작가라는 사실이 믿기지 않을 정도로 높은 수준의 견고한 조형성을 보여 주는 그림책이다.

— 그림책 작가 류재수

다채로운 표현 기법으로 지루할 새 없이 달리는 그림

3 경마장은 갈기를 휘날리며 달리는 말, 작지만 강한 기수, 환호하는 사람, 울먹이는 사람까지, 역동성과 희로애락이 동시에 뒤섞인 특별한 공간입니다. 아크릴 물감은 경주마의 속도를, 목탄이나 먹물은 분노하는 사람들의 감정을 표현하기에 효과적이었습니다. 각 장면의 성격에 맞춰 재료를 달리하다 보니, 재료가 자연스레 다양해졌습니다. 다음 장에서 제가 좋아하는 몇 장면을 뽑아 어떤 기법과 재료를 사용하였는지를 소개합니다. 그림책 한 권에 담긴 다양한 시도를 즐겁게 감상해 주세요.

— 《달려 토토》 조은영

조은영 | 튼튼하고 용기 있는 그림책 작가를 지향합니다. 쓰고 그린 책으로는 《달려, 토토》와 《우리는 지금도 친구일까?》가 있으며, 그린 책으로는 《내가 가장 듣고 싶은 말》, 《채소가 좋아》, 《조개맨들》 등이 있습니다. 브라티슬라바 일러스트레이션 비엔날레(BIB)에서 그랑프리를 수상하였고, 일본 그림책 번역상을 수상했습니다. 매년 '바캉스 프로젝트'를 통해 독립출판물을 제작하고 있으며, 독립출판사 꼬꼬프레스를 운영 중입니다.

스탬핑(Stamping) 기법

이 장면은 '사람들이 구름처럼 몰려든다', '새카맣게 많다'는 언어적 표현을 시각적으로 풀어 보고자 했습니다. 처음에는 잉크펜으로 사람을 일일이 그려 보았지만 응집감이 떨어져 보여, "먹구름처럼 잉크를 찍어 보자"는 생각으로 스탬핑 기법을 시도했습니다. 스탬핑 기법은 도장을 찍듯, 물체의 표면에 잉크나 물감을 묻혀 눌러 찍는 방식입니다. 손끝의 지문을 반복해 찍을 때마다 잉크의 양과 압력이 미묘하게 달라지는 우연의 결과가 참 매력적이었습니다.

● 재료 : 먹물

모노프린팅(Monoprinting) 기법

모노프린팅은 판 위에 잉크나 물감을 직접 바르고, 닦아내거나 눌러서 단 한 장의 이미지를 만들어내는 단판 인쇄 기법(Unique Print)입니다. 복제가 아닌 '한 번뿐인 인쇄'라는 점에서, 회화와 판화의 경계에 있는 놓인 방식이라 할 수 있습니다. 이 장면은, 말의 방향성과 속도감을 표현하기 위해 나뭇결이 살아 있는 화판 위에 잉크를 바르고 종이를 살짝 덮은 뒤, 말이 달리는 방향으로 힘의 강약을 조절하며 숟가락의 둥근 면으로 종이를 문질렀습니다.

● 재료 : 판화 잉크, 나무 화판

리놀륨 판화(Linocut) 기법

바닥이나 하늘처럼 넓은 면을 그릴 때면, 덜컥 겁이 납니다. 최대한 작가의 의도가 읽히지 않도록 무심하게 표현해 보고 싶은데, 아무리 큰 붓을 사용해도 저도 모르게 배어 나오는 의도치 않은 습관과 방향이 마음에 걸립니다. 고민 끝에 흔히 고무판화라고 알려진, 리놀륨 판화 기법을 시도해 보았습니다. 방법은 간단합니다. 리놀륨판에 잉크를 바르고, 종이를 덮어 꾹꾹 눌러 줍니다. 매끈하지 않은 리놀륨판일수록 잉크가 균일하게 묻지 않아 더 흥미로운 결과를 만들어 냅니다.

● 재료 : 판화 잉크, 조각칼, 고무판

스크래치(Scratch) 기법

스크래치 기법은 표면에 덧칠된 물감 층을 도구로 긁어내는 표현 방식입니다. 우선, OHP 필름 위에 먹물 그림을 그리고 말립니다. 그다음, 마른 먹물 층을 동판화 작업에 쓰이는 뾰족한 니들로 긁어내거나, 나무젓가락의 끝부분을 이용해 뭉뚝하게 긁어냅니다. 특히 힘의 강약을 제어하지 못해 생긴 우연한 긁힘은 리놀륨 판화의 질감과 유사한 효과를 냅니다. 이 스크래치 기법을 활용하면 리놀륨 판화 특유의 거칠고 생동감 있는 질감을 비교적 간단한 방식으로 표현할 수 있습니다.

◐ 재료 : OHP 필름지, 먹물, 젓가락

뿌리기(Splattering) 기법

뿌리기 기법은 물감을 튀기거나 뿌려 표현하는 방식입니다. 감정과 리듬, 에너지를 보다 즉흥적이고 과감하게 화면에 표현할 수 있습니다. 이 장면은 세상이 무너지는 듯한 감정을 나타내고 싶었는데요. 마침 백지영의 노래 〈총 맞은 것처럼〉을 들으며 작업하던 순간, "그래, 바로 이거다! 총에 맞은 듯한 충격의 느낌을 내보자"는 생각이 들었고, 그 감정을 화면에 옮기기 위해 먹물을 칫솔에 묻히거나 분무기를 이용하여 작업했습니다.

◐ 재료 : 먹물, 칫솔, 분무기

번지기(Blending) 기법

번지기 기법은 목탄으로 그린 선이나 면을 손가락, 휴지, 문지르개 등을 이용해 문질러 명암을 표현하는 기법을 말합니다. 목탄의 번지기 기법은 주로 인물들의 얼굴 표현을 할 때 사용했는데요. 목탄을 종이에 바르고, 지우고 덧그리는 과정을 거듭하며 남은 흔적은 때로는 계획된 선보다 더 강렬한 감정과 깊이를 만들어 내는 것 같아요. 이러한 반복의 흔적으로 희로애락이 담긴 인물의 감정이 그림에 남기를 바랐습니다.

◐ 재료 : 목탄, 휴지, 문지르개

《달려 토토》 조은영 글·그림, 보림

보이지 않는 손, 편집자가 만든 그림책의 길

2019 BIB 황금사과상 수상작 《세상 끝까지 펼쳐지는 치마》

글 · 오승현(글로연 대표, 편집자)

그림책 편집자이자 아트디렉터로 출판사 글로연을 맡고 있습니다. 그동안 편집하고 아트디렉팅한 그림책으로는 2019 BIB 황금사과상을 수상한 《세상 끝까지 펼쳐지는 치마》, 제1회 대한민국 그림책상 논픽션 대상을 수상하고 볼로냐 도서전 어메이징 북셀프에 선정된 《줄타기 한판》, 제1회 롯데출판문화대상 본상을 받은 《피아노 소리가 보여요》 등이 있습니다.

《세상 끝까지 펼쳐지는 치마》 명수정 글·그림, 글로연

치마를 입으려다 자신의 치마가 세상 끝까지 펼쳐질까 궁금했던 소녀가 그 답을 찾으러 자연 속으로 들어간다. 자연 속에서 찾은 '치마'의 이미지와 그 의미의 다채로운 변주를 담아낸 그림책이다. 글이 던지는 질문을 듣고, 그림이 보여주는 세상 속으로 들어가 다양한 상상과 생각을 할 수 있다. 섬세한 필력과 그림이 내포한 상징, 곳곳에서 만날 수 있는 여러 나라의 이야기 속 여주인공들의 모습이 인상적이다.

세계가 먼저 알아본 그림의 힘

"작품이 매우 섬세하게 표현되어 있고 색상이 매혹적이다. 그림 속에서 평온하고 낙천적인 분위기가 자연과 어울리는 풍경이 아름답다."
2019년, 명수정 작가가 《세상 끝까지 펼쳐지는 치마》로 BIB 황금사과상을 수상하며 받은 심사평의 일부이다. 한국에서 먼 슬로바키아의 수도, 브라티슬라바에 모인 심사 위원들이 《세상 끝까지 펼쳐지는 치마》에서 읽어 낸 '평온', '낙천적 분위기', '자연과 어울리는 풍경' 등의 감상 포인트를 보며 그림이 지닌 소통력에 새삼 놀랐다. 그 이유는 이 그림책에 대한 작가의 기획 의도 중 하나가 옛 그림에 대한 관심을 호소하고자 하는 데에 있었고, BIB 심사 위원들이 우리 옛 그림이 지닌 감상의 정취를 오롯이 표현했기 때문이었다.

한마디 질문에서 시작된 이야기

명수정 작가와는 《피아노 소리가 보여요》를 출간하며 작가와 편집자로 인연을 맺었다. 카페에서 만나 근황을 나누던 작가는 다섯 살 조카에게 치마를 입히는데, 조카가 "이 치마 하늘 끝까지 펼쳐져?"라고 물었다 했다. 이 사랑스러운 물음을 간직하고 있던 작가는 "우리나라 사람들은 고흐나 피카소의 그림은 다 알고 또 학교에서도 중요하게 가르치지만, 선조들이 그린 동양화와 옛 그림에 대해서는 왜 그만큼 관심을 가지지 않을까요?"라며, 그림책을 통해 우리의 옛 그림을 알려주고 싶다고 했다. 당시 작가가 말한 대충의 줄거리는 자신의 치마가 세상 끝까지 펼쳐질지 궁금했던 아이가 꿈에서 자연 속으로 들어가 꽃, 산, 강 등의 치마를 입고 있는 개미, 호랑이와 같은 존재들에게 각자의 치마가 세상 끝까지 펼쳐지는지 물어보다가 꿈에서 깨어나 엄마의 품에 안기는 내용이었다. 그리고 본문의 이미지를 옛 그림에서 영감받은 그림들로 완성한 후, 책의 뒤편에 오리지널 옛 그림을 수록해서 본문에 오마주된 그림과 옛 그림을 연결 짓게 하면 좋겠다고 말했다.

편집자의 시선으로 바라본 이야기

작가로서는 기획을 마친 상태로, 글 원고가 포함된 스토리보드와 컬러링한 한 장의 그림을 보여주었다. 명수정 작가가 기획한 그림책 그 자체로도 인상적이고 유익했다. 자연물이 생물들의 치마로 표현되는 접근도 이미지 연상으로 재미있었을 뿐 아니라, 옛 그림에 대해 알려줄 필요에 대해서는 충분히 공감되었다. 하지만 편집자의 입장에서 나는 조금 답답한 느낌이 들었다. 왜냐하면 "네 치마 세상 끝까지 펼쳐져?"라고 묻는 아이의 물음에 개구리나 개미 등 각각의 등장인물이 모두 "아니"라고 대답했기 때문이었다. 물론 그렇게 답한 뒤에 이어지는 저마다 자족하는 듯한 이야기도 의미는 있었지만 첫 답변이 주는 답답함이 해소되지는 않았다. 이는 물론 세상을 살아가는 여성들, 혹은 어떤 이들이 맞닥뜨리는 한계를 극명하게 보여 주는 단호한 답변이었기에 작가의 의도와는 더 맞을 수도 있었다.

그러나 편집자로서 나는 그런 한계 속에 갇힌 이들도 많지만 자신의 치마를 세상 끝까지 펼친 누군가도 분명 있을 것이며, 또 그 가능성을 아이들에게 심어 주는 것도 중요하다는 생각이 들었기에 이런 부분들도 책에 담으면 어떨까? 제안했다. 책은 작가의 창작물이다. 하지만 편집자는 그 창작물이 완성되는 과정에서 그야말로 편집을 통해 작가의 아이디어를 보완하기도 하고 작가가 전하고자 하는 메시지를 보다 명확하게도 하며 작가의 책이 독자에게 더 가까이 다가갈 수 있도록 돕는다. 그러나 대전제는 편집자의 의견을 취하지 않거나 혹은 취하거나를 결정하는 존재는 작가이며, 취하기로 한 의견들을 작품으로 구현해 내는 것 또한 작가의 몫이기에 편집자의 의견이 어찌어찌 더해졌다 하더라도 그림책은 작가의 작품이라는 점이다.

세계 독자를 향한 기획의 전환

또한 당시의 나는 한국 그림책의 무대를 세계적으로 넓히고 싶은 의욕이 충만한 상태였다. 유학을 마치고 돌아온 지 얼마 지나지 않은 이유도 있었고, 그림책이 국제적으로 시장을 확장해 나가는 데에 매력적인 매체라는 확신이 들었기 때문이기도 했다. 이런 배경에서 본문의 그림과 책 후반부에 옛 그림을 더해 연관된 작품들을 찾는 작가의 기획은 나에게 조금 지엽적으로 보였다. 우리나라 아이들에게 선조의 멋진 옛 그림을 알게끔 하는 것은 중요하지만, 신사임당의 '초충도'를 정확하게 명시해 주는 식으로 정보그림책처럼 책이 마무리된다면 세계 독자들을 겨냥했을 때 그 부분이 크게 매력적으로 보이지 않았다. 옛 그림에 대한 정보를 직접적으로 주기보다는 시각적으로 한껏 각각의 옛 그림을 느낄 수 있도록 이미지 표현에 집중하면 어떨까? 싶었고, 명수정 작가는 편집자의 제안을 전적으로 받아들였다.

글과 그림이 다른 답을 하다

기획을 수정하는 데에 작가가 동의하고, 수차례의 회의를 통해 대략적인 스토리 라인이 완성되었다. 그때부터는 표현을 어떻게 할지에 대해 함께 고민했다. 작가가 컬러링까지 완성해 온 한 장의 그림은 강세황의 '향원익청'을 오마주한 장면으로 연잎이 연둣빛으로 넓게 그려져 있었다. 넓은 잎이 나에게는 연둣빛 바탕 면으로 보였고, 그 위에 세상 끝까지 자신의 치마를 펼친 캐릭터들을 그려 넣으면 어떨까? 하는 아이디어가 스쳤다. 그렇게 하면 한 장의 그림 위에 두 가지의 이야기 레이어가 생기는 것은 물론이며, 글과 그림이 서로 다른 이야기를 하는 대위 관계를 이루게 된다. "네 치마 세상 끝까지 펼쳐져?"라는 물음에 "아니"라고 답하는 작가의 초기 글 원고를 유지하되, 그림으로는 세상 끝까지 자신의 치마를 펼친 이미 알려진 이야기 속 캐릭터가 "그래"라고 답하게 한다. 주인공 아이는 글과 그림의 서로 다른 대답을 들으며, 자신의 치마를 어떻게 펼칠지에 대해 스스로 결정하는 구도의 마스터플랜이 나왔다.

그다음 작업 과정은 세상 끝까지 자신의 치마를 펼쳤다고 여겨지는 이야기 속 캐릭터를 찾는 것으로, 나는 작가에게 한 권의 책을 권해 주었다. 그리고 글로벌 마켓을 지향한 만큼, 인물 역시 한 나라에 편중되지 않고 대륙별로 균형감 있게 들어간다면 좋을 것 같다고 그 범위를 제안했다. 한 장면에 두 인물씩 그려 넣으면 이미지적으로도 덜 심심하고 볼거리가 있을 것 같다는 점에서 의견이 통일되었다. 인물을 탐구하고 찾아내고 표현하는 역할은 온전히 작가의 몫이었다. 물론 어떤 인물로 정할까? 하는 면에서는 상의를 했지만, 작가는 그림을 그리는 과정보다 이 인물들을 찾아내는 과정이 힘들었다고 했다.

마지막까지 치열했던 면지 논쟁

본문 그림이 완성되었고, 면지에 대한 아이디어를 나누며 처음으로 의견이 일치되지 않았다. 본문에 등장하는 총 열두 가지의 자연물 치마를 닮은 실제 치마의 모습을 앞면지에서 보여 주는 데에는 이견이 없었다. 그러나 뒷면지 표현은 서로 생각이 달랐다. 작가는 열두 장면에 각각 두 인물씩 총 스물네 명의 세상 끝까지 자신들의 치마를 펼친 여성을 고르며 충분히 그들의 삶을 이해했고 알고 있었다. 그러나 나는 익숙한 캐릭터도 있지만 잘 모르는 캐릭터도 있었다. 그렇다면 독자들은 어떨까? 작가보다는 편집자의 입장과 더 가까울 가능성이 분명하게 크다. 그렇다면 장면마다 치마 위에서 등장하는 이들이 누구이고 출처가 어떤 이야기인지를 알려주는 게 반드시 필요하다고 생각했다. 하지만 작가의 입장은 반대였다. 그런 레퍼런스 또한 정보이며, 정보를 준다면 논픽션의 느낌이 나게 될 것이라는 의견이었고, 무엇보다 전작인 《피아노 소리가 보여요》의 뒷면지를 선호하는 마음이 이어져 이번 책도 그런 분위기로 갔으면 하는 바람이 컸다.

《피아노 소리가 보여요》에서도 청각장애인들이 느끼는 피아노 음악의 모습과 그 부분이 적용된 서사 등을 뒷면지에 넣을까 말까 고민했지만 너무 설명글이 될 것 같아 작은 새 한 마리가 자유롭게 나는 모습으로 모든 내용을 응축하며 여백의 미를 선택했었다. 이 부분이 작가에게는 작업의 여운으로 남았는지 가장 좋아하는 장면이라고 했다.

그렇게 서로 의견의 차이를 좁히지 못하고 있을 때 《피아노 소리가 보여요》의 제1회 롯데출판문화대상 본상 수상 소식이 전해졌다. 이 상은 장르를 불문하고 유통되는 전 도서를 대상으로 7~8종을 선정했고, 작가와 출판사에 상패와 상금을 각각 수여한 획기적인 상이었다. 큰 기쁨을 가져다준 수상을 계기로 작가는 편집자를 조금 더 믿어볼 수 있겠다는 마음을 낸 듯했고, 나의 제안대로 뒷면지에 열두 폭을 크게 펼친 치마 그림을 그린 다음, 한 폭 마다에 등장한 순서에 따른 인물들과 그 출처들을 배치했다. 물론 글만이 아니라 캐릭터 이미지도 함께 넣어 본문과 연결시켜 보는 데에 어려움이 없도록 했다. 한국 평론계에서는 이 책에 등장한 캐릭터 설정에 작가가 너무 욕심을 냈다는 평도 있었다. 절반은 익숙하고 나머지 절반은 익숙하지 않은 캐릭터라는 이유였다. 하지만 이 책을 볼로냐국제아동도서전에서 소개했을 때 우리에게 익숙하지 않은 캐릭터가 다른 나라 독자들에게는 익숙하게 다가가는 게 눈으로 보였고, 최초로 저작권이 수출된 나라도 프랑스였다.

함께 만들어 낸 세상 끝의 치마

상을 받는다는 것은 언제나 이루 말할 수 없는 큰 기쁨과 든든함을 준다. 상은 그동안 제대로 해 왔다는 인정이자, 지금 가는 길에 확신을 가지고 전진하라는 응원이기 때문이다. 6년 전, 명수정 작가의 BIB 수상 소식을 전해 듣고 편집자인 나 또한 그랬다. 상은 작가가 받았지만 책이 세상에 태어나는 데에 작가 다음으로 영향을 끼친 편집자이기에, 책에 대한 애정도 작가 다음으로 큰 편집자로서 인정과 응원을 더불어 느꼈다. 그리고 확신에 차 전진한 덕분에 이후에도 여러 큰 상을 수상하며 어려운 출판 현실에 지치지 않고 세상 끝까지 글로연의 치마를 펼칠 힘을 얻은 듯하다.

《세상 끝까지 펼쳐지는 치마》 명수정 글·그림, 글로연

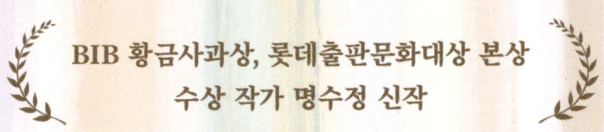

BIB 황금사과상, 롯데출판문화대상 본상
수상 작가 명수정 신작

세상을 켜 준 이들에게 보내는 헌사

**가족에 대한 사랑을 시적 언어와
은유적 상상으로 그려 낸 추모의 기록**

누군가 자신의 두려움을 끄고
다른 사람의 삶을 밝혀 주었듯이,
그분의 희생을 기억하는 우리 모두가
세상을 켜는 존재가 될 수 있음을 이야기합니다.

세상을 켜요

명수정 그림책 | 40쪽 | 21,000원

볼로냐 국제 아동 도서전 올해의 일러스트레이터 선정
나미 국제 콩쿠르 입선, 한국 안데르센 창작동화 은상 수상 작가

"아무한테도 말 안할 거지?"

**완벽해 보이는 그에게도
감추고 싶은 약점이 있었다!**

진지한 콤플렉스를
우연하고 유머러스하게
극복하는 공감 가득 그림책입니다.

누구나 비밀은 있다

고혜진 그림책 | 52쪽 | 17,000원

달그림 | www.yellowpig.co.kr | 인스타그램 @dalgrimm_pub

기묘하게 아름다운 세계를 짓는 이야기꾼, 송미경.
다정과 쓸쓸함, 성장과 위로가 공존하는
송미경의 환상적인 세계를 만나 보세요.

꿈속을 헤맬 때

울다 잠든 밤, 눈물로 난 길을 따라 도착한 꿈의 섬.

따뜻한 빵, 반짝이는 대관람차,
서로의 슬픔을 알아보는 친구들.
별처럼 반짝이는 섬에서
상처와 외로움을 치유하는
아이들은 꿈은 어떤 색과 모양일까?

송미경 지음 | 서수연 그림 | 값 22,000원

안개 숲을 지날 때

어느 날 아침, 모든 어른이 동물로 변해 버렸다!

가족 가운데 홀로 인간으로 남은 연이는
늑대 부부에 입양을 간 동생에게
작별 인사를 전하러 떠난다.
낯선 사슴을 따라 들어간 짙은 안개 속,
연이 앞에 무엇이 기다리고 있을까?

송미경 지음 | 장선환 그림 | 값 20,000원

서로 부대끼며 낡아질수록 더욱 아름다운,
관계에 대한 이야기
송미경×이수연, 『오늘의 코트』

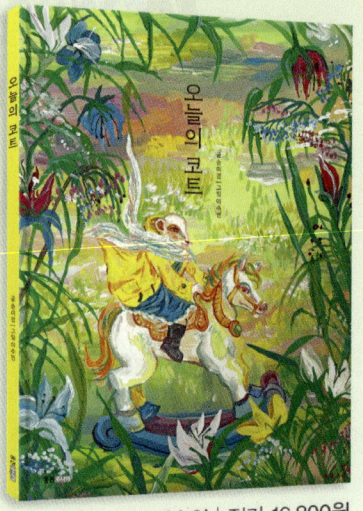

너무 소중한 나머지
서로의 바람과는 다른 길을 걷고있는
유리와 코트.

기꺼이 입고 쓰며
오롯이 누릴 수 있는 용기있는
사랑을 위하여.

글 송미경 | 그림 이수연 | 정가 16,800원

볼로냐 라가치상
대한민국 그림책상 대상 수상에 빛나는
박현민 작가의 유쾌한 실험!

우여곡절 끝에
달리기 출발점 앞에 선
토끼와 거북이.

이들의 마지막 승부는
어떤 결말을 맺을 것인가?

글·그림 박현민 | 정가 16,800원

대한민국 그림책상 대상 수상작

2025년 대상

점과 선과 새
조오 그림책

눈부신 연대의 풍경

'조류 충돌' 문제를 날카롭게 직시하며 이해와 연대를 구한다. 정밀하게 설계한 서사가 가슴 뭉클한 감동을 준다.
경향신문

점이 찍히고 선이 그어질 것이라는 희망을 놓지 않는다. 변화는 타인의 아픔에 공감하는 마음에서 시작된다.
조선일보

값 16,000원

2023년 대상

사라진 저녁
권정민 그림책

값 15,000원

편리한 도시 생활 뒤에 드리운 그림자를 말하다

"긴장감과 호기심을 유발하는 시각적인 연출과 그로테스크한 유머로 작가의 시대적인 통찰과 예술성, 문학성이 빛나는 작품."
제1회 대한민국 그림책상 심사평

2024년 대상

진정한 친구가 되는 법
박현민 그림책

문명의 위선을 꼬집는 한 편의 블랙코미디

"설인 예티를 등장시켜 인간과 자연이 친구가 되어 공존하는 법을 보여 준다. 히말라야를 무대로 삼아 작품의 시공간을 크게 확장한 점이 주목할 만하다."
제2회 대한민국 그림책상 심사평

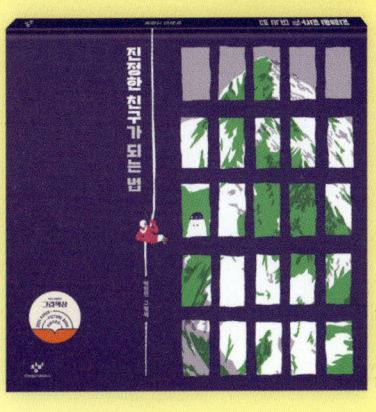

값 21,000원

창비 Changbi Publishers

에디터 | 오현수

K-컬처 덕질 성지, 국립중앙박물관으로!

그림책 들고 떠나는 문화 여행

요즘 대한민국에서 가장 '힙'한 공간으로 손꼽히는 곳, 바로 국립중앙박물관(이하 국중박)입니다. 단순히 현장학습이나 방학 숙제 장소로만 떠올렸다면 지금의 국중박 모습에 깜짝 놀라실 거예요. 오픈런 입장으로 박물관 뭇즈를 구입하고, 아이돌 스타들이 찾아와 관람 인증샷을 남기며, '사유의 방'에서 부처님과 공간을 체험하는, 유물과 더불어 보고, 느끼고, 즐기는 곳이 되었습니다. 하지만 막상 "국중박에서 뭐가 제일 좋아요?"라는 질문을 받으면, 부지런히 돌아다녔던 기억과는 달리 머릿속이 순간 하얘져요. 연면적 4만여 평 규모에 전시 유물만 1만여 점에 달하는 국중박을 한 번에 완벽하게 즐길 수는 없겠지만 그래도 보다 인상 깊게 즐기고 오면 좋겠지요?

오늘은 에디터가 1일 가이드가 되어 여러분에게 국중박에서 '공간명', '유물명'의 재미를 발견할 수 있는 관람 팁을 전해드립니다. 방문 자체로도 충분히 의미가 있지만 그 안에는 숨은 보물과 비밀 이야기를 알고 보면 더욱 재미있을 거예요.

1. 공간멍

박물관에 숨겨진 비밀을 찾아라

"박물관에 뭐 하러 가요?"라고 물으신다면 사실 박물관 방문 그 자체로 답이 충분합니다.

우리 일상은 대부분 높이 3m 남짓한 실내에서 이루어집니다. 그래서 스케일이 남다른 공간, 빛과 어둠이 조화를 이룬 공간에 서면 낯섦과 놀라움, 경외감을 느낍니다. 여기에 몇백 년, 수천 년을 이어온 유물까지 함께라면 거대한 공간과 역사의 흐름 앞에, '인간은 얼마나 작은 존재인가'란 깨달음에 현생의 고민은 작게만 느껴지지요.

로비와 전시실 사이에 '역사의 길'은 이름 그대로 시간을 가로지르는 길입니다. 중앙 통로의 높다란 천창에서 쏟아지는 빛은 시대관을 오가는 관람객에게 과거의 시간과 현재의 시간이 한 공간에서 흐르는 감각을 선사합니다. 길목에 서 있는 디지털 광개토대왕릉비와 개성 경천사지 십층석탑은 유적의 의미를 알게 된다면 무심히 지나칠 수 없는 지점이 됩니다.

디지털 광개토대왕릉비

중앙 홀에 자리한 디지털 광개토대왕릉비는 옛 고구려 수도인 국내성(현 중국 지안시)에 있는 실물 비석을 그대로 재현한 것으로 높이 7.5m, 너비 2.6m에 달합니다. 광개토대왕(재위 391~412)은 한강 유역까지 백제를 압박하고 만주 일대와 한반도의 북부 전역을 거느리며 고구려를 동아시아의 강대국으로 만들었습니다. 아들 장수왕(재위 413~491)은 414년에 비석을 세워, 네 면에 고구려 건국 신화, 광개토왕의 업적, 왕릉 관리 규정 등을 담았습니다. 1600년이란 세월을 뛰어넘어 광개토대왕비의 실제 크기, 재질, 네 면의 비문 내용 등을 재현한 디지털미디어 비를 통해 우리는 고구려 광개토대왕의 역사와 위용을 생생하게 만나게 됩니다.

광개토대왕비는 오랫동안 유적 위치와 변조, 비석 글자에 덧바른 석회 탁본의 신뢰성 문제로 중국과 일본 역사 왜곡 논쟁의 중심이 되었습니다. 국중박은 석회가 발리기 전 비석을 직접 탁본한 '청명본'을 구입, 잘라진 비문 3글자를 모아서 총 1,775자 전체 비문 구조로 재배열해 실제 크기 탁본으로 재현했습니다. 현재 고구려실에서 광개토대왕릉비 네 면의 원본 크기 탁본과 그 기초가 된 실제 청명본을 함께 관람할 수 있습니다. 단순한 전시를 넘어서, 역사를 보존하고 진실을 전하는 박물관의 소명을 보여주는 상징적인 곳입니다.

#광개토대왕, 삼국 시대에도 해시태그가?

고구려 사람들은 광개토대왕을 '국강상광개토경평안호태왕'(國罡上廣開土境平安好太王)이라 높여 불렀습니다.
'국강상 광개토경 평안호 태왕'(國罡上 廣開土境 平安好太王)
국강상(국강 위:비석 위치) 광개토경(영토를 널리 넓힌) 평안호(평안을 좋아하신) 태왕(위대한 왕)이라는 뜻입니다. 그런데 이 존호가 광개토대왕비뿐만 아니라 머나먼 신라의 고분에서도 발견된 사실 알고 있나요?
광복 이후 경주에서 최초로 발굴된 신라 무덤(경주 대릉원 노서동 호우총)에서 나온 청동 솥단지(호우) 밑바닥에는 광개토대왕릉비와 흡사한 글씨체로 4행 4글자씩 모두 16글자가 새겨져 있습니다. '乙卯年國罡上廣開土地好太王壺杅十', 광개토대왕 사후 2년(乙卯年), 국강 위(國罡上) 광개토대왕(好太王) 제사용 그릇(壺杅)을 만들었다는 뜻입니다. 고구려 무덤도 아닌 신라 고분에서 발견된 이 명문은 멀리 떨어진 신라에도 광개토대왕의 권위가 미쳤다는, 고구려와 신라 역사를 재구성하는 고고학적 대발견이었습니다.

▲ '청명본'은 1889년 실제 비석을 탁본한 비문을 3글자씩 잘라 한 페이지에 6글자씩 배치, 책처럼 만들어졌다.

◀ 39세 위대한 젊은 영웅의 마지막 기록은 1600년 후에 후손에게 박물관 유물로 전해진다.

고구려 역사 이야기의 마무리로 고구려 사람들의 삶의 풍경을 만나러 가 볼까요?
고구려 사람들은 자신들의 삶과 신앙, 문화를 돌무덤 속 벽화에 담아냈습니다. 디지털 실감 영상관3에서는 실제 고구려 무덤 안으로 들어간 것처럼 정면, 측면, 천장까지 동서남북을 지키는 사신도(청룡·백호·주작·현무), 고구려인들의 생활 풍습이 그대로 담아낸 정교하고 화려한 고구려 무덤 속 벽화를 입체 디지털 영상으로 즐겨볼 수 있습니다.

경천사 십층 석탑, 고려 대리석 탑에 어리는 목조탑의 그림자

역사의 길 끝에서 만나게 되는 경천사 십층 석탑은 높이 13.5m의 거대한 고려 시대 석탑입니다. 보통 홀수 층, 간결한 비례미를 보이는 우리나라 석탑과 달리, 화려한 벽면 곳곳의 불상 조각과 난간대 등 원나라의 영향을 받은 대리석 석탑으로 현대적인 박물관 공간에서 한층 더 이질적인 빛을 발합니다.

잠시 발걸음을 멈추고 자세히 들여다보면, 겉모습은 십층이지만 실제 구조는 기단 위 삼층 석탑을 올리고 다시 그 위에 칠층 석탑이 올라간 형식입니다. 지붕 형태나 각 층 난간대 장식 등은 과거 목조탑 양식을 보여줍니다. 13.5m의 탑이 이렇게 높고 장엄한데, 높이 약 80m 높이로 전해지는 신라 황룡사 구층 목탑의 위용은 상상하기조차 어렵습니다.

1907년 일본에 의해 무단 해체·반출되었다가 1918년 국제사회의 도움으로 한국으로 돌아온 슬픈 역사를 가진 유적이기도 합니다. 산성비에 훼손된 대리석 탑 보호를 위해 박물관 실내로 들어오면서 각층 통로에서 탑의 화려하고 특이한 조형과 상층부까지 관람객이 맘껏 가까이에서 감상할 수 있게 되었습니다.

2. 유물멍

유물멍을 즐기는 에디터의 시선

역사를 가득 품은 공간을 지나왔다면 이제 자세를 낮추어 유물과 대화를 나누는 '유물멍'을 즐겨 볼 차례입니다. 국중박에서 가장 '핫'한 사유의 방, 손기정 기증 청동 투구 유물, 그리고 3층의 '달항아리'도 놓치지 마세요.

사유의 방, 1500년 세월을 지나 만나다.

'사유의 방'은 반가사유상을 위한 전시실이지만 동시에 관람객과 공간 그 자체가 주인공이 되는 곳입니다. 한국의 사찰은 부처님을 만나기 전 여러 장치를 통해 참배객이 속세의 마음을 내려놓게 하지만, 박물관은 복도에서 바로 전시실로 이어지는 구조입니다. 국중박은 의도적으로 어둠과 경사를 두어 관람객의 걷는 속도를 늦추고 걸음에 집중하게 합니다. 숯, 계피, 한약재 성분이 배어있는 벽면의 은은한 향기는 마음을 차분하게 가라앉히며 몰입을 이끕니다.

전시실에는 별빛 같은 천장 조명이 흩뿌려지고, 무대 같은 넓은 좌대 위 두 부처님 머리 위에 무한대 기호 모양의 빛이 드리워집니다. 6세기 후반과 7세기 전반에 제작된 두 불상은 2021년 '사유의 방'이 마련되며 처음으로 한 공간에 모였습니다. 반가사유상 앞에 서면 무릎을 꿇고 시선을 올려다보다가 이내 저도 두 부처님 옆으로 나란히 서봅니다. 1,500여 년의 세월을 넘어 오늘 이 자리에 함께 선 우리는 어떤 인연으로 모였을까요.

반가사유상은 보는 위치에 따라 다른 감정을 자아냅니다. 관람객은 조심스럽게 불상 주위를 돌며 살펴보는 과정에서 오히려 자기 마음을 들여다보게 됩니다. 불상의 시선은 관람객을 넘어 공간과 사람들 전체를 감싸며, 전시실 전체를 하나의 무대로 만듭니다. 지금의 '사유의 방'은 사진 찍는 사람들로 붐비는 국중박의 모나리자 방이 되었지만, 시간이 흐른 후 그 사람들의 기억에 남는 것은 사진이 아니라 집중과 몰입의 순간입니다. '사유의 방'은 결국 우리가 사회와 역사라는 큰 흐름 속의 일부임을 조용히 일깨워줍니다.

손기정 청동 투구, 우승자의 눈물이 나라의 보물이 되기까지

국립중앙박물관에는 한국에서 처음으로 서양 유물이 보물로 지정된 특별한 전시실이 있습니다. 손기정 선수가 기증한 청동 투구입니다.
마라톤은 BC 490년 마라톤 전투의 승전보를 전하고 쓰러진 그리스 병사 페이디피데스의 이야기에 뿌리를 둡니다. 마라톤 우승자에게 고대 그리스 청동 투구를 수여하는 의식에 따라 1936년 베를린 올림픽 청동 투구의 주인은 손기정 선수였습니다. 그러나 50년이 지나서야 비로소 청동 투구를 받게 되었고 1987년 이 투구는 서구 유물로는 최초로 보물로 지정되었습니다. 1994년, 손기정 선수가 국중박에 기증하며 남긴 말입니다.

"이 투구는 나만의 것이 아니라, 우리 민족의 것입니다."
자세를 낮추어야만 볼 수 있는 청동 투구 안쪽에는 "아테네 일간 신문 '브리디니'가 1936년 제11회 베를린 올림픽 마라톤 경기의 우승자에게"라는 글귀가 있습니다. 1936년 시상대에서 가슴의 일장기를 화분으로 가려야 했던 눈물과 1988년 서울 올림픽 성화 주자로서의 환한 웃음은 청동 투구 앞에서 하나의 궤적으로 이어집니다. 우리는 한 사람의 승리와 좌절, 신념이 한 점의 유물에 어떻게 응축되어 역사로 이어지는지 목격하게 됩니다.

▶ 2025년 12월 28일까지 상설전시관 기증 1실에서 특별전 〈두발로 세계를 제패하다〉가 열리고 있다. 청동 투구와 함께 손긔정 이란 한글 사인, 올림픽 금메달과 월계관이 전시되며 그의 목소리를 생생하게 만날 수 있다.

달항아리, 어디서 무엇이 되어 다시 만나랴

전시실 작은 방 한가운데 놓인 달항아리는 뒤편 한 점의 그림과 어우러져 은은한 달빛을 머금은 채 고요히 자리하고 있습니다. 정신없이 유물을 좇던 발걸음도 이 앞에선 멈추고, 그저 하염없이 바라보게 됩니다. 누군가는 이 시간을 '달멍'이라고 부르더군요.
원래 명칭은 '백자대호'였지만 이제는 '달항아리'(Moon Jar)란 이름이 더 익숙합니다. 상하를 따로 빚어 이어 붙인 이음새가 만들어낸 약간은 기울고 일그러진 모양새는 오히려 서로의 불완전함을 끌어안은 연인의 포옹처럼 다가옵니다.

배경의 디지털 액자에는 달빛이 번지고 매화가 피어나며 고요한 방에 책 읽는 소리가 스며듭니다. 큰소리 한 번 낼지 모르는 순둥이처럼 보이는 항아리이지만, 오래도록 바라보니 어느새 목소리가 들려요. 저 큰 항아리에는 무엇이 담겨있었을까 알 수 없는 그 속내가 자꾸 우리를 끌어당깁니다.

3. 투어멍
나만의 박물관 관람법, 반려 유물을 찾아서

"누군가가 골라내고 아낀 것.
오랜 세월 사람들의 손에 닿아 닳으면서
품위를 지니게 된 것들.
내게 명품이란 그런 것이다."

_구본창, 《공명의 시간을 담다》 중에서

박물관은 사실 참 시끄러운 공간입니다. 언제, 누가 만들고 어떤 용도로 쓰였는지, 유물 하나하나가 쏟아내는 이야기를 듣다 보면 금세 지칩니다. '뮤지엄퍼티그(박물관 피로도, Museum Fatigue)'라는 용어까지 있을 정도입니다. 국중박 곳곳에는 멋진 휴게 공간이 있는데, 그중 기증유물 휴게실은 오랜 세월 누군가의 사랑을 듬뿍 받은 유물로 가득 채워 책가도처럼 꾸며진 응접실에서 잠시 숨을 고를 수 있습니다.

에디터 가이드의 마지막 팁, 나만의 박물관 투어를 만드는 법 전수해 드릴게요.
핵심은 딱 하나, '발견'이에요. 유물의 모든 역사와 이야기를 다 알 필요는 없습니다. 같은 유물을 보아도 사람마다 다른 이야기가 품어져 나오듯이, 나만의 '이끌림', 내 마음에 들어온 유물 하나로 충분합니다.
끊임없이 변화하는 세상 속에서 묵묵히 제자리를 지키며 말을 걸어오는 유물은 그 존재만으로도 위안이 되고 삶을 풍족하게 해 주고, 때론 영감을 주는 인생 친구가 되어줍니다. 오늘 국립중앙박물관에서 당신만의 '반려 유물'을 꼭 만나시길 바랍니다. 이것으로 에디터의 국중박 1일 가이드를 마칩니다.

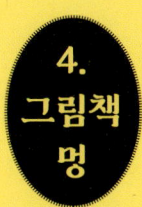

4. 그림책 멍

박물관 나들이를 더욱 알차게 만들어 줄 그림책 추천

1만여 점의 유물이 전시된 국립중앙박물관 나들이는 자칫 의미 없는 인증샷으로 끝나기 쉽다. 이 책들과 함께 흥미와 의미 둘 다 잡아 보자.

**1층 선사·고대관 고구려실
디지털 실감 영상관3**

**《까막나라에서 온 삽사리》
정승각 글·그림, 초방책방**

까막나라에 불을 밝히기 위해 해와 달을 구하러 가는 불개의 모험 이야기로 네 방위신(동청룡, 서백호, 북현무, 남주작)을 만날 수 있다. 책과 함께 1층 고구려실의 무덤 속 벽화 그림, 디지털 실감 영상관3의 고구려 벽화 영상과 연결해 보길 추천한다.

**디지털 실감 영상관1
(화조영모, 어느 고양이의 하루)
디지털 실감 영상관2
(풍속도 속으로)**

**《고양이네 미술관》
강효미 글, 강화경 그림, 상상의집**

따스한 봄날 고양이 한 마리가 나비와 함께 떠난 마을 구경 이야기가 담겨있다. 김홍도의 〈황묘농접도〉 속 고양이가 김홍도, 신윤복, 정선, 안견 등 조선 시대 천재 화가들의 그림 속에 살아난다. 1층과 2층 디지털 실감 영상관1, 2의 영상과 그대로 연결되어 즐거움을 키운다.

**2층 기증관
손기정 기증 청동 투구**

**《청동 투구를 쓴 소년》
소윤경 글·그림, 봄별**

청동 투구가 그리스 승전 소식을 알린 병사와 베를린 올림픽의 슬픈 마라톤 우승자 손기정 선수의 이야기를 들려준다. 손기정 선수가 기증한 실물 청동 투구를 전시공간에서 만나면 책 속의 두 이야기가 더 큰 감동으로 다가오기 때문에 꼭 책을 미리 읽고 가기를 추천한다.

**3층 도자공예관
백자 달항아리**

《달항아리》 조영지 글·그림, 다림

달항아리의 시선으로 전쟁의 극한 상황에서 한 여인이 달항아리에 기대어 세 아이를 지키며 살아남은 이야기를 담담히 풀어낸다. 달항아리는 실제 용도가 명확히 밝혀지지 않은 유물이다. 이 책을 보고 가면 무엇이든 품어줄 것 같은 달항아리의 푸근함에 마음의 위로를 받는다.

**1~3층
상설 전시시관 전반**

 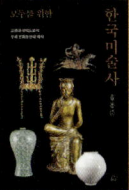

**《반짝반짝 한국 미술사 그림책》 안승희 글·그림, 한권의책
《모두를 위한 한국미술사》 유홍준 지음, 눌와**

《반짝반짝 한국 미술사 그림책》은 한국 미술사의 주요 문화유산들을 시대의 흐름에 따라 보여준다. 특히 회화를 중심에 넣어, 시대별 작가별 주요 작품을 한눈에 파악할 수 있다. 도판 대신 모든 작품을 작가가 직접 다시 그림으로 그려서 책에 실었는데, 원작에 충실하면서도 친근하게 한국 회화의 매력을 보여 준다. 《모두를 위한 한국미술사》를 어른을 위한 짝꿍 책으로 함께 추천한다. 두 책을 가이드 삼아 국립중앙박물관을 관람한다면 중요 작품을 하나도 놓치지 않을 것이다.

어린이와 함께 박물관으로!
국중박 갈 때 이 책 들고 가면 인증샷 100개 가능

2025년 9월 14일 표유진 엄마랑 초등학교 4학년 치호가 함께 했어요! 표유진 엄마는 백제의 수도 부여에서 태어났고, 대학에서 한국화를 전공했고, 4학년 치호는 그림그리기와 이야기 만들기가 취미예요.

국립중앙박물관은 한국 역사의 심장 같은 곳, 어린이에게는 교과서 속 역사를 눈앞에서 만나는 첫 번째 문이죠. 책으로만 배운 신라 금관, 고려청자, 조선의 풍속화가 실제 눈앞에 펼쳐지는 곳이니까요. 1만여 유물마다 수천 년을 살아온 사람들의 이야기가 숨어 있는 이곳은 '시간을 직접 체험하는 교실'이랍니다.

그럼 이 훌륭한 교실을 어떻게 활용해야 할까요? 소장 유물을 하나하나 살펴보고 공부해야 할까요? 유물 이름과 만든 연도를 외워야 할까요? 그랬다가는 우리 어린이들 도망갈 거 같은데, 오히려 역사를 싫어할 거 같은데…

그럼 뭐부터 어떻게 봐야 할까요?
너무 어렵다고요? 걱정하지 마세요!
우리 역사에서 가장 아름답고,
가장 문화적 특성이 잘 드러나는
예술 작품들만 쏙쏙 모아
시대 별로 나열하고, 작가 별로 모아 놓은
《반짝반짝 한국 미술사 그림책》이 있으니까요.
우리는 이 예술 작품들을 '우리나라의 보물'이라고 불러요. 그리고 우리나라의 보물이 가장 많이 있는 곳이 바로 국립중앙박물관이랍니다.
지금부터 《반짝반짝 한국 미술사 그림책》을 들고 박물관 탐험을 시작해요. 아름다운 것들에 감동하고 감탄하다 보면 자연스레 역사가 좋아질 거예요.

① 먼저 차례를 펼쳐요.

오늘 어린이가 만날 역사는 어디일까요?
각각의 시대는 우리 역사의 한 점들,
이 점들이 이어지며 우리의 역사가 되죠.
오늘 국립중앙박물관에서 만나고 싶은
한 점을 골라 보세요!

오늘 치호가 고른 역사의
한 점은 '고려'예요.
'코리아'라는
우리나라의 영어 이름이
고려에서 왔다는
사실이 흥미롭대요.
고려 하면 '청자'!
3층에 있는 <도자 공예
-청자> 실로 출발해요!

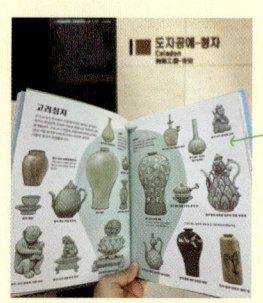

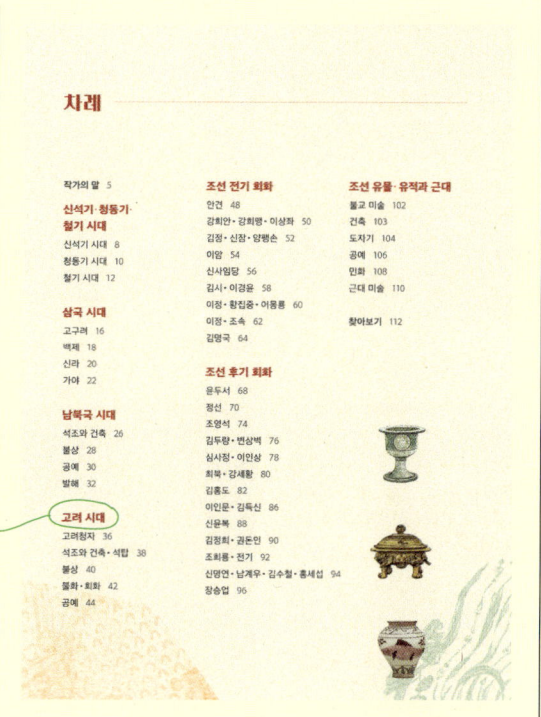

② 어떤 유물로 고려를 만날까요?

책에서 '고려청자' 페이지를 펼쳤더니 청자 중에서도 예술성이 우수하고, 뛰어난 기술력을 보여주는 국보급 도자기들을 한눈에 살펴볼 수 있도록 그려져 있어요. '이 중에서 국립중앙박물관 청자실에서 실물을 볼 수 있는 청자는 몇 개나 있을까?' 퀴즈로 관람을 시작해요!

치호는 '청자 모자 원숭이
모양 연적'을 꼭 찾고
싶다고 했어요.
이중에서 가장 보고 싶은
작품을 콕! 고르고,
그걸 누가 먼저 찾나
내기하는 것도 재미있어요.
목표가 생기면 집중하기
마련!

3

같은 시대 다른 유물은 없을까요?

도자기 말고도 회화, 건축, 공예 등 다양한 분야의 유물이 있어요. 분야는 다르지만 공통점을 찾아보세요. 그 시대의 문화적 특성이나 선호하는 취향, 종교, 사람들의 가치관 등 여러 사실을 발견할 수 있답니다.

찾기 위해선 자세히 봐야 해요.
자세히 보다 보면 더 많은 것들을 알게 돼요.

 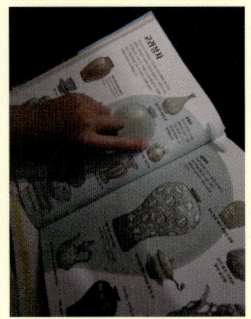 

고려는 청자만 유명한 줄 알았는데, 은 공예품들의 정교한 장식과 불화의 화려함이 눈을 사로잡아요.

고려 시대 은 공예품은 3층 '금속공예실'에서, 고려 불화는 2층 '불화실', 석탑은 1층에서 시작해 2층, 3층 위로 올라가며 상층부까지 꼼꼼히 볼 수 있어요. 치호는 고려시대 도자기, 공예, 석탑, 불화 모두 매우 화려하다고 했어요. 연꽃 장식이 많은 것도 찾았어요.
그래서 귀족을 중심으로 화려한 문화가 발달하고, 불교가 국교였음을 이야기해 주었어요.

다음은 어느 시대를 만날까요? 다음 박물관 탐험을 미리 계획해 볼까요?
하루에 국립중앙박물관을 어린이와 함께 다 둘러본다는 건 불가능해요. 한 시대 위주로 자세히 보는 걸 추천해요. 다음에 온다면 어느 시대, 어느 작품을 보고 싶은지 책을 보며 미리 계획해 보세요.

조선 시대 회화는 작가도 중요하죠! 강아지 그림으로 어린이들에게 인기가 좋은 이암!

치호가 고른 다음 탐험 보물은 조선 시대 그림이에요. 회화실과 의궤실, 그리고 불화실이 방문 당시에는 전시품 교체로 인해 관람이 제한되고 있었어요. 11월 말부터 다시 전시 관람이 가능하다고 해요. 또다시 국립중앙박물관에 와야 하는 이유죠.

봤던 그림은 시대와 화가 한 번 더 확인!
책에 있는 모든 작품이 국립중앙박물관에 소장되어 있는 건 아니에요. 다른 박물관이나 미술관에서 보았던 작품이 있다면 기억해 보세요.

서울미술관에서 보았던 신사임당의 '초충도'

호암미술관에서 보았던 정선의 '금강전도'

보고 싶은 작품은 초록 스티커, 직접 보고 경험한 작품은 빨간 스티커!
전국 박물관과 미술관 도장 깨기로 우리 역사를 생생하게 만나요!

책에 나온 백제의 유물들은 많이 보았네요. 다음엔 윤두서의 자화상을 보러 고산윤선도전시관에 가 보려고요. 보고 싶은 작품이 어디에 소장되어 있는지 아이와 함께 찾아보고 역사 여행을 계획해요!

홍백매도 10폭 병풍
두 그루의 늙은 매화나무에서 흰 꽃과 붉은 꽃이 만개하는 장면을 거침없는
붓질로 호방하게 그린 그림으로, 작가의 자유로운 화풍이 잘 드러납니다.

《반짝반짝 한국 미술사 그림책》 안승희 글·그림, 한권의책

"박물관의 공룡 화석은 원래 누구의 것이었을까?"

《박물관의 밤》이 우리에게 던진 질문들

글 · 박재연

텍스트 힙에 이어 박물관 힙의 시대가 왔다. 여기 박물관을 더 사랑하기 위해 도발적인 질문을 던지는 그림책이 있다. 《박물관의 밤》은 2018년 실제로 있었던 브라질 리우데자네이루 국립박물관 화재 사건을 소재로 자체와 그 존재 이유에 근본적인 질문을 던진다. 아무리 중요한 문화재가 모여 있다 하더라도, 그 문화재가 속해 있던 사람과 공동체가 사라졌다면, 그리고 그 유산에 관심을 가지고 새롭게 의미를 부여할 사람들이 없다면, 화려하고 유명한 박물관이 무슨 의미가 있겠는가? 예술과 역사가 우리 삶 속에 진정으로 자리 잡고 있다면, 그것이 어느 건물 안에 있건, 어느 하늘 아래 있건 과연 무슨 상관이 있을까?

이 책은 실화에서 출발했어요.

밤이 되면, 박물관의 유물들은 어디에서 잠들까요? 대부분은 불 꺼진 전시실이나 잠긴 수장고를 떠올릴 겁니다. 유리 진열장 속에서 꼼짝도 하지 않고 천 년의 시간을 견디는 모습이 익숙하지요. 그런데 프랑스 작가 질 바움(Gilles Baum)과 그림 작가 레지 르종크(Régis Lejonc)의 그림책 《박물관의 밤》은 전혀 다른 풍경을 보여줍니다. 이야기는 박물관 관리인 에드송 아란치스가 종을 울리며 마지막 관람객들에게 다가서는 장면으로 시작합니다. 그는 뜻밖의 제안을 하지요.
"박물관은 이제 문을 닫습니다. 하지만 떠나기 전에, 가장 사랑하는 전시품을 하나씩 집으로 가져가세요."
잠시 뒤, 박물관은 불길에 휩싸여 무너져 내립니다. 그러나 유물들은 소멸되지 않습니다. 오히려 사람들의 품에 안겨 도시 곳곳으로 흩어지며 새로운 삶을 시작합니다. 조각상은 구멍가게 앞에 놓이고, 화려한 항아리는 골목길 한쪽에 자리 잡으며, 가면은 아이들의 놀이 속에 들어옵니다. 진열장을 벗어난 유물들은 더 이상 손 닿을 수 없는 '보물'이 아니라, 누구나 일상에서 마주하는 존재로 바뀌지요. 원제 'Fechamos'는 포르투갈어로 '문 닫겠습니다'라는 뜻이지만, 여기에서의 '닫힘'은 곧 새로운 시작을 의미합니다.

《박물관의 밤》
질 봄 글, 레지 르종크 그림, 제이픽

이 기발한 발상은 갑자기 튀어나온 것이 아닙니다. 2018년 브라질 리우데자네이루 국립박물관에서 일어난 대형 화재가 그 출발점이었습니다. 라틴아메리카 최대 규모의 자연사·인류사 박물관은 순식간에 잿더미로 변했고, 약 2천만 점의 소장품이 사라졌습니다. 그날 불길에 휩싸여 사라진 것은 단순히 오래된 물건들이 아니었습니다. 아메리카 대륙에서 가장 오래된 인골 '루지아', 브라질 고유의 공룡 화석 '막사칼리사우루스', 라틴아메리카 최대 곤충 표본 500만 점, 이미 사라진 원주민 언어의 마지막 녹음 자료까지…. 각각은 단순한 전시물이 아니라, 인류와 브라질의 정체성을 증언하는 귀중한 기억이었지요.

더 안타까운 건 이 화재가 사실상 '예고된 재난'이었다는 점입니다. 재정 지원 삭감, 노후한 전력 설비, 고장 난 소방 시스템…. 박물관 직원들의 경고는 묵살되었고, 결국 '지식의 궁전'은 국가의 무관심과 방치 속에서 희생되었습니다. 아이러니하게도 같은 시기 리우에는 수억 달러가 투입된 첨단 과학관 '내일의 박물관'이 개관해 화제를 모았습니다. 새로움에는 아낌없이 투자하면서, 오래된 것의 가치는 홀대받은 현실이 그대로 드러난 사건이었습니다.

《박물관의 밤》은 바로 이 현실을 기억하며 쓰였습니다. 책의 헌사에는 이렇게 적혀 있습니다.
"리우데자네이루 국립박물관을 기억하며."

보통 박물관 그림책은 둘 중 하나였죠

지금까지 그림책 속 박물관은 보통 '친절한 안내자'(예술을 소개하는 안전한 공간)나 '신비한 모험의 무대'(밤이 되면 살아 움직이는 설레는 공간)로 그려졌습니다. 그러나 《박물관의 밤》은 다른 길을 택합니다. 이 책에서 박물관은 더 이상 안전하지 않고, 오히려 문을 닫아야 하는 위태로운 곳입니다.

그림책 속 관리인은 유물을 안전한 곳에 옮기려 하지 않습니다. 대신 그것들을 사람들에게 나누어 줍니다. 이 장면은 오랫동안 국가와 제도가 독점해 온 예술을 공동체의 품으로 돌려보내는 행위에 대한 묵직한 은유로 읽힙니다.

사실 유럽의 유명 박물관들은 제국주의 시대의 산물입니다. 루브르나 대영박물관은 식민지에서 가져온 유물을 '국가의 보물'로 전시하며 권력을 과시했습니다. 화려한 전시품의 그림자에는 약탈과 불평등의 흔적이 늘 드리워져 있었지요. 그래서 지금도 문화재 반환 논의가 이어지고 있습니다. 《박물관의 밤》에서 불타 무너진 건물과 흩어진 유물은, 그런 독점 구조가 무너지고 예술이 사람들의 일상으로 돌아가는 장면처럼 읽힙니다. 그것은 종말이 아니라, 예술의 해방이자 새로운 시작입니다.

"만약 집 근처 도서관이 문을 닫게 되어 가장 아끼는 책 한 권을 가져올 수 있다면?" "박물관의 공룡 화석은 원래 누구의 것이었을까?" "예술은 진열장 속에 있을 때와 사람들의 일상 속에 자리할 때, 언제 더 빛날까?" 이 그림책은 어린이 독자들에게는 이런 질문을 자연스럽게 던지게 하고, 어른들에게는 예술과 제도의 본질을 되묻게 합니다. 박물관 진열장 안에 갇힌 예술은 우리의 골목과 교실, 광장에서 더 생생히 살아날 수 있을까요?

박물관 지킴이의 이름이 '펠레'인 이유

관리인의 이름이 '에드송 아란치스'라는 점도 의미심장합니다. 바로 브라질 축구 전설 펠레의 본명이지요. 변두리 빈민가 소년에서 세계적인 스타가 된 펠레는 브라질에서 가장 민주적인 문화, 즉 축구의 상징과도 같은 인물입니다. 작가는 마지막 관리인에게 펠레의 이름을 주며, 예술 또한 특정 계급이나 제도의 전유물이 아니라 모두가 향유해야 할 대중의 것임을 전합니다.

오늘날 박물관은 모두에게 열려 있다고 말합니다. 하지만 실제로는 그렇지 않습니다. 비싼 입장료, 도심에 집중된 입지, "아는 만큼 보인다"는 문화적 장벽…. 여전히 많은 것들이 많은 이들의 발걸음을 가로막습니다. 이 질문에 대해 오늘날 세계 곳곳의 박물관들은 나름의 방식으로 답을 찾고 있습니다. 브라질 상파울루 피나코테카 미술관은 IBM과 협업해 'Voice of Art' 프로젝트를 선보였습니다. AI 기술을 활용해 작품이 직접 관람객의 질문에 대답하도록 한 것이지요. 예술이 더 이상 일방적으로 설명되는 대상이 아니라, 대화를 나누는 주체가 된 순간이었습니다.

한국에서도 비슷한 변화가 일어나고 있습니다. 최근 국립중앙박물관은 뜻밖의 이유로 젊은 세대의 '핫플'이 되었습니다. 애니메이션과 아이돌 문화가 결합한 〈K-POP DEMON HUNTERS, 케이팝 데몬 헌터스〉 덕분이었지요. 원래 박물관은 교과서 속의 딱딱한 공간이라는 이미지가 강했지만, '케데헌'을 통해 유물과 아이돌 세계관이 연결되자, 박물관은 단숨에 살아 있는 무대로 바뀌었습니다. 팬들은 전시실을 배경 삼아 사진을 찍고, 유물을 스토리 속 캐릭터처럼 소비하며, SNS를 통해 경험을 확장했습니다.

이는 단순한 이벤트가 아니라, 오늘날 박물관이 나아가야 할 길을 보여줍니다. 이제 관람객은 더 이상 수동적인 감상자가 아닙니다. 참여하고, 공유하며, 경험 속에서 의미를 새롭게 만들어냅니다. 《박물관의 밤》 속에서 유물들이 일상으로 흩어지는 장면이, 한국의 박물관에서도 또 다른 방식으로 현실화되고 있는 셈입니다.

《박물관의 밤》은 불타 무너진 박물관을 보여주면서도, 그 잿더미 위에서 새로운 상상을 피워 올립니다. 그것은 박물관의 종말을 말하는 것이 아니라, 그 의미를 다시 묻고, 다시 시작하자는 제안입니다. 이러한 제안은 아이들에게는 흥미롭고 조금은 낯선 상상으로, 어른들에게는 제도와 권력의 그림자를 되돌아보게 하는 성찰로 다가옵니다.

《박물관의 밤》이 던지는 질문은 메시지는 분명합니다. 예술은 결국, 우리 모두의 삶 속에서 호흡해야 한다는 사실이지요.

박재연 | 서울과 파리를 오가며 프랑스문학, 미술사, 박물관학을 공부했어요. 뮤지엄이라면 사족을 못 쓰는 뮤지엄 덕후이자, 대학에서 시각예술 콘텐츠 비평과 기획에 대해 가르치는 교수이기도 합니다. 두 아이와 함께 전시장을 누비다가, 혼자서는 조용히 그림책 번역에 빠져드는 일상을 살아요. 예술과 문화가 숨 쉬는 다양한 현장을 연결하고, 그곳에서 보고 듣고 느낀 것들을 쓰고 말하는 게 제 일이자 놀이입니다. 뮤지엄이 우리 모두의 놀이터가 되고, 문화예술이 일상의 기쁨이 되는 세상을 꿈꾸는 마음으로 《박물관의 밤》을 우리말로 옮겼습니다.

태초의 순간을 손끝으로 만날 수 있는,

지붕 없는 박물관으로의 초대.

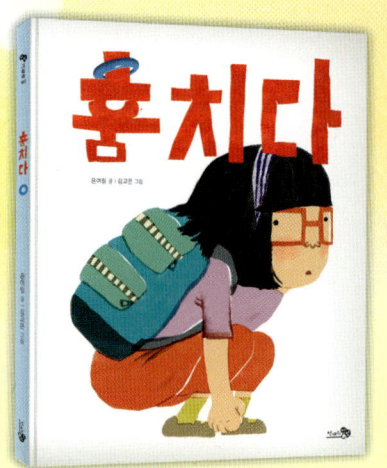

친구가 두고 간 예쁜 반지를 슬쩍했다

쿵쿵, 심장이 뛸 때마다
쿵쿵, 반지도 더 크고 무거워지는 것 같다.
그날 밤에는 끔찍한 악몽까지 꾸는데…
이 반지, 계속 갖고 있어도 괜찮을까?

바람그림책 165
훔치다
윤여림 글 | 김고은 그림

포클레인, 크레인 차, 덤프트럭…
아이들이 좋아하는 중장비 총출동

다람쥐 가족의 집이 기울어졌어요.
기울어진 집을 고치고 창고도 지으며
더 살기 좋은 집을 위해
두더지 건설, 출발합니다!

바람그림책 170
맡겨 주세요, 두더지 건설
나가사키 신고 글·그림 | 김소연 옮김

보드북에서 그림책으로 넘어가는 아이들을 위한 새 그림책

내 모자
시모카와라 유미 글·그림 | 한미숙 옮김

딩동 누구 왔어요?
도쿠다 유키히사 글 | 다루이시 마코 그림 | 한미숙 옮김

부릉부릉 미니카 탐험대
세키네 도모미 글·그림 | 한미숙 옮김

 ◀ 블로그

두 건축가가 직접 쓰고 그린
내 집 짓기와 건축에 관한 그림책

똑똑똑! 집 지으러 왔어요

"내 집을 짓는 것은 내 삶을 짓는 것!"

내 집을 짓고 싶은 이네스가 건축가를 찾아가요. 건축가라면 멋진 설계도를 뚝딱 그려 줄 줄 알았는데 계속 질문만 해요. 어디에서 누구와 살지, 취미는 무엇이고 어떻게 시간을 보내는지 쉴 새 없이 질문이 쏟아져요. 질문에 답하는 사이 이네스의 집은 자꾸자꾸 커지더니… 어마어마하게 커졌어요!

군타 슈닙케 글 | 안나 바이바레 그림 | 박여원 옮김

영국의 그림책
전문가 그룹 dPictus 선정
전 세계 뛰어난 그림책 100

★ 온라인 서점에서 독후활동지 무료 다운로드 받으세요 ★

서로가 바라보는 다른 세상에 대해 질문을 던지는 그림책

넌 어떻게 보이니?

"남들도 나와 똑같이 볼까?"

토마스네 온 가족이 함께 식탁에 둘러앉았어요. 토마스는 색맹이라 남들과 조금 다르게 봐요. 다른 사람 눈에는 이 식탁이 어떻게 보일까요? 우리는 모두 각자 다 다른 안경을 쓰고 있어요. 우리가 쓴 보이지 않는 '안경'을 발견해 봐요.

빅토르 벨몬트 글·그림 | 용희진 옮김

2024 화이트 레이븐스 선정도서

미래아이 인스타

미래i아이
서울시 마포구 동교로134(서교동 464-41) 미진빌딩 2층 | 전화 02-562-1800 | 팩스 02-562-1885
홈페이지 www.miraei.com | 전자우편 mirae@miraemnb.com | 블로그 blog.naver.com/miraeibooks

물성으로 보는 그림책

독자의 감정까지 바꾸는 힘, 판형

에디터 | 이시내

교사로서 아이들과 그림책을 읽고, 인스타그램 책 계정을 운영하며, 잡지 기자인 나에게 사람들은 종종 "유튜브 좀 찍어봐. 진짜 재밌을 거 같아."라며 권한다. 나는 당연히 "그림책 소개 유튜브?" 하고 기대에 차서 묻지만, 돌아오는 대답은 뜻밖이다. "아니! 맛집. 너는 음식 얘기할 때 뭐가 다른지 비교도 잘하고, 듣다 보면 당장 먹고 싶어져." 곱씹어 보니, 나는 맛만 말하는 게 아니라 조리법, 분위기, 담는 그릇까지 함께 이야기하는 습관이 있다. 같은 비빔밥이라도 양푼, 돌솥, 놋그릇에 담길 때 맛과 분위기가 달라진다. 음식이 달라진 게 아니라 그릇이 경험을 바꾸는 것이다. 만드는 이의 의도도, 먹는 이의 감각도 그 차이에서 생겨난다.

그림책도 그렇다. 낱장 그림이 모여 한 권이 될 때, 어떤 크기와 형태에 담기느냐에 따라 책이 주는 인상은 달라진다. 책의 크기와 모양, 즉 판형은 단순한 겉모습이 아니라 작가의 의도와 출판사의 선택이 만나는 지점이자, 독자가 이야기를 받아들이는 감정의 결까지 바꾸는 힘을 가진다. 그릇이 음식의 맛을 달리하듯 판형 역시 모르는 사이 이야기를 바꾼다. 그 차이를 함께 살펴보자.

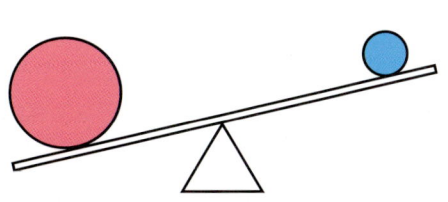

작은 판형 깊은 마음

《몹시 큰 초대장》은 제목과 달리 손바닥에 올릴 만큼 작은 책이다. 가로 21cm, 세로 15cm의 크기는 책을 펼치는 순간 '작가가 건네는 초대장'이 된다. 펼쳤을 때 길게 드러나는 직사각 판형은 마을 전봇대 곁을 오가는 사람들과 그 사이 외로운 소년의 공간감을 대비시킨다. 토요일 밤 여덟 시, 커다란 희망을 품고 손님을 기다리지만 전봇대에 붙여 둔 작은 초대장은 좀처럼 눈에 띄지 않는다. 여러 차례 초대장을 붙이고 기다리는 동안 점점 작아지는 소년의 마음이 마찬가지로 작은 그림책에 고스란히 담긴다. 크게 외치지 못했지만, 다정하게 위로를 건네는 이 책이 사람들 틈에서 작아진 외로운 누군가에게 선물처럼 발견되기를 바란다.

《탑의 노래》는 가로 11cm, 세로 16cm의 판형으로 손바닥 위에 올려둘 만큼 작다. 책장을 위로 넘기며 천천히 읽는 방식은 돌탑에 돌을 차곡차곡 올리는 행위와 닮았다. 가족과 이웃을 떠올리며 올린 돌멩이가 시간을 담으며 각자의 탑으로 쌓이는 이야기는 휘파람처럼 맑고 간결한 글과 그림으로 흐른다. 길가의 돌탑에 소망을 얹듯, 책장을 넘기는 손끝에도 작은 바람이 얹힌다. 작고 가벼운 책이지만 돌멩이처럼 단단하게, 판형 속에서 자신의 의미를 또렷이 드러낸다. 손바닥처럼 작은 책이지만 그 안에는 깊이를 알 수 없는 외로운 마음과 오래된 바람이 단단히 쌓여있다. 판형은 이처럼 겉모습을 넘어 이야기에 새로운 결을 입힌다.

커다란 판형에 빠지는 순간

이토록 작은 책이 있다면, 그토록 커다란 책도 있다. 《시장에 가면~》은 한 아이가 사라져 버린 무언가를 찾아 노량진수산시장부터 남대문시장까지, 서울에 있는 16개 전통시장과 골목을 누빈다. 각각의 시장마다 특색 있는 풍경이 그려진다. 가로 34cm, 세로 25cm의 커다란 판형은 다섯 장의 펼침 페이지까지 갖춰 시장의 활기를 한눈에 펼쳐 보인다.

왁자지껄한 소리와 고소한 냄새가 책장을 타고 전해지는 듯 펼칠 때마다 감탄이 나오는 그림책은 독자를 강하게 끌어당긴다. 이런 이야기는 자고로 큰 판형에 걸맞다. 어린이가 책을 펼치는 순간, 금세 책 속으로 빨려 들어갈 만큼 말이다.

《몹시 큰 초대장》 박서영 글·그림, 모든요일그림책

《탑의 노래》 명수정 글·그림, 글로연

《위대한 아파투라일리아》는 제목부터 낯선 데다 표지가 주는 인상 역시 생경하다. 가로 23cm, 세로 26cm의 직사각 판형은 책을 펼치는 순간 독자를 낯선 '팝나라'로 끌어들인다. 각자의 이름을 딴 언어로 소통하며 평화롭게 지내던 세계에 미지의 거대한 존재가 나타난다. 이를 두고 누군가는 경외를, 누군가는 연구를, 또 다른 이는 전쟁이나 홍보의 대상으로 삼는다. 그 가지각색의 반응이 인간 군상을 닮아 마냥 책이 낯설지만은 않다. 마지막에 이르러 독자는 모든 사건이 사시나무 잎사귀 한 장 위에서 벌어졌음을 알게 된다. 거대한 세계 속에서 우리가 이처럼 미시적 존재라는 뜻밖의 깨달음을 얻는다. 작은 잎사귀 위의 세상을 커다란 판형에 담아낸 이 책은 내가 몰랐던 다른 세계가 얼마나 넓고 깊은지를 선명히 들려준다. 작은 잎 속 커다란 세상을, 판형으로 끌어낸 작가와 출판사의 선택에 박수를 보낸다.

《시장에 가면~》 김정선 글·그림, 길벗어린이

《위대한 아파투라일리아》 지은 글·그림, 글로연

비율이 만드는 감각

단지 크고 작은 걸 넘어 가로나 세로의 비율이 다른 판형도 있다. 《곰씨의 의자》는 펼치기 전에도 의자 모양을 닮은 가로 직사각형이다. 책을 열면 의자의 공간감이 넓어지며 나만의 내면의 자리이자 누구에게도 양보할 수 없는 경계가 드러난다.

《무슨 일이지?》도 책을 펼치면 가로가 더 길어지는 판형이다. 누군가 구덩이에 빠졌다는 소식에 끝도 없이 몰려든 동물들의 행렬이 긴 지면 위에 극명하게 펼쳐진다. 구덩이에 빠진 어린 거북이를 도우려는 많은 동물과 혼자 구덩이를 나오겠다는 어린 거북이. 도움과 자립이라는 두 마음이 가로로 길게 이어진 판형 속에서 서로 어깨를 맞대듯 함께 자리한다.

세로가 긴 판형도 그럴 만한 이유가 뚜렷하다. 《끄로꼬》는 가로 18cm, 세로 29cm 크기다. 책장에 꽂힐 때는 가로 방향의 책등이 보이지만, 표지부터 세로 길이를 강조한다. 구덩이에 빠진 악어를 돕기 위해 뱀, 새, 원숭이가 나서지만, 악어는 여전히 구덩이에서 나오지 못한다. 세로로 긴 판형은 독자의 시선을 위에서 아래로 끌어내리며, 책 제본선을 경계로 구덩이 안과 밖을 대비시킨다. 그 결과 어둡고 깊은 바닥에 갇힌 악어의 절망감이 한층 절실하게 다가온다. 악어는 절망 속에서 어떤 방법을 찾아내게 될까.

《무슨 일이지?》와 《끄로꼬》는 똑같이 구덩이에 빠져 둘레의 도움을 받지만 결국 스스로 헤쳐가는 이야기를 담은 그림책이다. 그러나 판형의 비율은 정반대로 대비된다. 그 차이 덕분에 독자는 같은 이야기여도 전혀 다른 방향으로, 수많은 갈래의 경험 속에서 각자의 그림책을 읽어내게 된다.

《곰씨의 의자》 노인경 글·그림, 문학동네
《무슨 일이지?》 차은실 글·그림, 향출판사
《끄로꼬》 안드레스 로페스 글·그림, 산하

모양이 만드는 경험

《우유책》 박수연 글, 민승지 그림, 키즈엠
《햄버거 소풍》 이수연 글, 이지혜 그림, 키즈엠
《옴뇸뇸 피자》 강효진 글·그림, 키즈엠

모든 책이 사각형인 건 아니다. 키즈엠 맛있는 그림책 시리즈는 제목에 맞춰 샌드위치, 햄버거, 피자, 우유 모양의 보드북으로 제작되었다. 책장을 넘기면서 재료를 하나씩 쌓아 가는 과정에서 아이들은 자신이 직접 음식을 완성한 듯한 성취감을 느낀다. 또 우유 속에 딸기나 포도를 넣으며 어떤 맛이 될지 상상하는 순간, 책 읽기는 놀이가 되어 미각을 깨운다.

펼치며 확장되는 세계

판형이 책의 크기나 모형도 뜻하지만, 보통은 책을 덮었을 때 표지 크기를 기준으로 잰다. 그러나 책을 펼치면 표지를 넘어서는 병풍책(아코디언북)이나 특수한 형태의 그림책도 존재한다. 앞서 소개한 모양 책처럼 영유아 대상 도서에는 다양한 모양이 많고, 해외에는 지구본이나 양파 모양 등 독자의 경험을 확장하는 그림책들이 눈에 띈다. 국내에서는 까다로운 제작 과정과 비용 문제로 많지 않은 게 아쉬울 따름이다. 그렇다고 빛나는 국내 그림책이 없을까. 몇 권의 그림책을 꺼내 본다.

펼친 그림을 접었다가 병풍처럼 펼쳐져 병풍책, 아코디언북으로 불리는 접이식 책이라면 읽는 이마다 한두 권쯤 떠올릴 만한 작품이 있다. 그 가운데 하나 《물이 되는 꿈》은 노래 가사를 바탕으로 이수지 작가의 섬세한 상상이 더해졌다. 휠체어를 탄 아이가 수영장에서 재활을 받으며 물이 되고, 비가 되고, 바다가 되는 꿈을 꾼다. 노래 가사와 어우러져 이미지가 물줄기처럼 흘러가는 이야기는 페이지마다 끊어 읽기보다 병풍책 형식으로 이어져야만 자연스럽다.

《물이 되는 꿈》
루시드 폴 글, 이수지 그림,
청어람미디어(청어람아이)

이수지 작가는 '바캉스 프로젝트'를 통해 다양한 물성을 실험해 왔다. 《그늘을 산 총각》 역시 프로젝트 작업을 확장한 그림책이다. 옛이야기 속 그늘이 길어지고 줄어드는 모습을 병풍책 형식으로 구현했다. 그림자 모티프를 살리면서, 마치 두루마기를 펼치듯 접힌 장마다 굽이굽이 이어지는 이야기를 독자가 소리 내 읽으며 완성할 수 있게 했다. 옛이야기와 병풍책의 형식은 그야말로 환상의 호흡이다.

《그늘을 산 총각》
이수지 글·그림, 비룡소

가로로 펼쳐지는 병풍책이 있는가 하면, 아래로 열리는 방식도 있다. 《경복궁 친구들》은 광화문에서 시작해 영제교, 근정전, 신무문까지 이어지는 경복궁 곳곳을 지키는 서수와 사방신을 보여 준다. 겹쳐진 책장을 한 장씩 펼치면 만나는 서수와 사방신은 압도적인 이미지를 선사한다. 뒷면에는 엄마를 잃어버린 현이를 따라 경복궁을 다니며, 앞에 등장했던 수호신들이 경복궁을 지키는 모습을 확인할 수 있다. 접어진 장을 열면 공간은 넓어지고, 시간은 흐르며, 세계는 확장된다. 바로 병풍책만이 줄 수 있는 경험이다.

《경복궁 친구들》
조수진 글·그림, 어흥대작전

이 밖에도 접지 방식과 판형을 달리하는 그림책들이 있다. 책장에 꽂히지 않을 정도로 크거나, 손바닥만 한 크기로 스쳐 지나가더라도, 이야기를 가장 잘 전하기 위한 선택은 독자의 마음을 흔들며 감정의 경험까지 새롭게 만든다. 그것이 바로 그림책 물성이 가진 힘이다. 당신의 손에 닿은 한 권의 그림책의 물성이 어떻게 감정의 결을 바꾸는지, 그 변화를 기꺼이 경험하길 바란다.

편집장 딸이 아빠와 읽은 그림책

글 · 송지현(길벗어린이 편집장)

시니어 그림책 독서 모임

"니 아빠는 워낙 혼자서도 잘 지내는 사람이라 엄마가 가고 나면 금방 잊을 것 같아."
암 투병 중이던 엄마가 (약간의 진담을 섞은) 농담을 했다. 아빠는 그만큼 독립적이고
사회성도 좋은 사람이었다. 엄마가 돌아가신 지 8년이 되어 간다.
아빠는 갈수록 무언가를 배우는 것도, 사람을 만나는 것에도 모조리 흥미를 잃고
TV 앞에서 멍하니 앉아 하루를 보내는 게 일상이 되어 버렸다.
유일하게 루틴을 유지하고 있는 아침 동네 산책 덕분에 겉보기에는
또래의 여든 살 어르신들에 비해 건강하고 탄탄해 보였는데,
그 때문에 나는 아빠에게 나타난 이상 신호를 빨리 알아차리지 못했다.

올해 들어 아빠는 유독 엄마를 그리워하셨는데, "부부 중 한 사람이 떠나면 나머지 한 사람도 일 년 안에 같이 가는 게 제일 좋은 거다."라는 말을 불쑥 꺼내시는가 하면, 어렵게 끊었던 담배를 다시 피우셨다. 딸들의 잔소리가 늘어갔지만, 하루 종일 혼자 보내야 하는 아빠의 외로움을 너무도 이해하기에 멀리서 애태울 뿐이었다.

어느 날, '혜다독서문화연구소' 위영화 소장님께 10년 동안 시니어 독서 모임을 진행해 오고 있다는 이야기를 듣게 되었다. 어르신들이 함께 모여 책을 읽고 건강한 관계를 맺고 있다는 이야기를 부러운 마음으로 들으며 한편으로는, 늘 남을 위한 책을 만들면서 정작 내 아이나 부모님은 혜택을 받지 못하는 것 같아 괜히 속상하기도 했다. 그러다 문득, '내가 직접 아빠와 함께 독서 모임을 해 보면 어떨까?' 하는 생각이 들었고, 곧바로 아빠 집에서 가장 가까운 '송도누리공원작은도서관'에 전화를 걸었다. 다짜고짜 길벗어린이에서 그림책을 만들고 있다고 내 소개를 하고, 삶의 흥미를 잃어 가는 아빠를 위한 재능 기부로 '시니어 독서 모임'을 하고 싶으니 동네 어르신들을 모아 줄 수 있는지 문의했다.
(아마도 당황스러우셨을 텐데) 다행히 박세진 주무관님은 흔쾌히 허락해 주셨고, 나는 부랴부랴 독서 모임 프로그램을 계획했다.

가장 중요한 것은, 모임의 중심이 되는 책을 정하는 일이었다. 어르신이 공감하기 좋은 이야기이면서 그림책을 통해 자연스럽게 자신의 이야기를 할 수 있고, 다양한 활동까지 할 수 있는 그림책이어야 했다. 단박에 떠오른 것은 20년 전 내가 기획하고 만든 '국시꼬랭이 동네' 시리즈 그림책이었다. 옛 아이들의 놀이와 삶뿐만 아니라, 그 시절의 풍습이나 문화를 이야기뿐 아니라 다양한 활동으로 만날 수 있는 책으로 어르신들과 이야기 나누기 좋을 소재들로 가득했고, 내가 직접 만들었으니 책을 만드는 과정에 얽힌 뒷이야기까지 풍부하게 할 수 있으니 큰 어려움 없이 잘할 자신이 있었다.

이렇게 해서 '국시꼬랭이 동네' 그림책 7권과 특별히 좋아하는 작품인 방정환의 《만년 샤쓰》를 더해 모임용 도서 선정을 마쳤다.
여기에, 한국동화스피치협회 유애순 회장님이 '문학 소리극 공연과 문학 낭독을 위한 호흡, 발성, 감정 표현법'으로 1회를 진행해 주시기로 하면서, 2025년 9월에서 11월까지 3달 동안 2주에 한 번, 총 5회, 회당 2시간 동안 2권의 그림책으로 진행하는 '시니어 그림책 독서 모임' 수업 계획이 완성되었다.

시니어 그림책 독서 모임에서 함께 읽은 그림책-1

  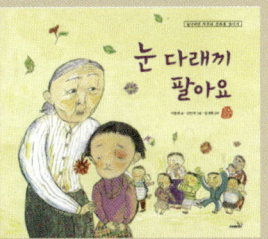 

《똥떡》 이춘희 글, 박지훈 그림 | 《아카시아 파마》 이춘희 글, 윤정주 그림
《눈 다래끼 팔아요》 이춘희 글, 신민재 그림 | 《만년샤쓰》 방정환 글, 김세현 그림, 장정희 해설, 길벗어린이

모래시계를 타고 떠난 시간 여행

독서 모임을 좋아하는 나는 친구 혹은 지인들과 다양한 독서 모임을 조직하거나 참여해 보았는데, 이 같은 경험은 내가 겁 없이 '시니어 독서 모임'을 시작할 수 있게 했다. 오히려, 가장 큰 숙제는 자존심 강한 아빠를 딸이 진행하는 프로그램에 참여시키는 일이었다. '그림책을 애들이나 보는 거라며 한사코 무시하며 거부하는 아빠를 설득하기 위해 나는 하얀 거짓말을 했다. 나의 재능 기부라는 걸 숨기고, 오히려 엄청나게 큰 금액의 강사료가 걸린 일이니 도와달라는 말로 아빠를 쉽게 설득할 수 있었다. 아빠의 내리사랑을 확인한 순간이었다. 또, 아빠가 끝까지 완주할 수 있도록 아빠의 친구분을 함께 모셨다. 여기에 연수구청 홈페이지를 통해 신청하신 일흔 살 초반의 할머니 두 분까지 합류하며 총 4명의 멤버로 구성되었다.

마지막으로 본격적인 독서 모임을 앞두고 '시니어 독서 모임'의 어려운 점에 대한 정보를 모아 보았다. 공통적으로 나타난 어려움은, (말씀이 많고 길~어진) 어르신들끼리 말다툼이 생긴다는 사례들이었다. 이에 대한 해결법으로 나는 모래시계를 이용해 게임처럼 규칙을 만들어 보기로 했다. 각각 1분, 3분, 5분, 10분짜리 모래시계를 준비해서 수업 중 발표하기 전에 본인이 말할 시간을 고르고, 그 시간만큼만 말하는 것을 원칙으로 정하고, 이름을 '모래시계 독서 모임'이라고 지었다. 짓고 보니, 하루하루 시간을 몸으로 느끼며 사는 어르신들의 모임에 다른 의미로 잘 어울리는 이름이라는 생각이 들었다.

모두를 울린 《만년 샤쓰》, 그리고 우리들의 이야기

수업 첫날, 우리는 미리 준비한 '모래 시계' 독서 모임 원칙'을 함께 낭독하며, 서로의 의견을 존중하고 경청하고, 우리끼리 정한 원칙을 지키기로 약속했다. 그리고 똥통에 빠진 아이에게 액막이 떡을 만들어 주는 풍습에 관한 《똥떡》과 다래끼 치료를 위한 할머니의 사랑 가득한 처방법이 담긴 《눈 다래끼 팔아요》를 함께 윤독했다. 그림책을 읽으면서 일상생활 속에 담긴 옛사람들의 지혜와 아이들의 삶을 만났고, 저마다 어린 시절에 겪었거나 들었던 웃지 못할 이야기를 나누며(물론, 모래시계가 끝날 때까지만) 즐거운 시간을 보냈다.

문제는 예기치 못한 곳에서 나타났다.

시니어 그림책 독서 모임에서 함께 읽은 그림책-2

《고무신 기차》 이춘희 글, 박지훈 그림 | 《책보》 이춘희 글, 김동성 그림
《막걸리 심부름》 이춘희 글, 김정선 그림 | 《야광귀신》 이춘희 글, 한병호 그림

치매 예방을 위해 모임에 (강제로) 참여한 여든다섯 살 아빠와 친구의 지적 수준이 손주들에게 그림책을 더 잘 읽어 주기 위해 온 일흔 살 두 할머니의 수준과 차이가 생각보다 컸다. 아빠에게 맞추자니 할머니들의 흥미가 떨어질까 걱정이었고, 그렇다고 할머니들에게 맞추자니 아빠와 친구는 소외될 수밖에 없는 난감한 상황이었다. 참여자 정보를 당일에 알게 되는 바람에 순발력이 필요했다. 나는 할머니와 할아버지를 한 팀으로 꾸려 독후 활동을 (고무신으로 각종 탈것 만들기) 하거나 천천히 윤독하고, 가능한 네 분 모두 골고루 발표할 수 있도록 최선을 다했다. 또 놀이 활동뿐 아니라, 책 속에 담긴 문화적인 의미와 관련 지식을 함께 배워 할머니들의 니즈도 최대한 충족해 주려 노력했다. 다행히 끝까지 함께 즐겁게 수업을 이어갈 수 있었다.

책마다 다른 즐거움이 있었지만, 방정환의 《만년 샤쓰》 독서 모임은 우리에게 더욱 특별한 감동을 남겨 주었다. 가난한 소년 창남이가 눈이 먼 어머니와 이웃을 위해 한 벌 뿐인 자신의 옷을 내어 주느라 맨몸으로 학교에 온다는 이야기를 돌아가며 읽을 때였다.
아빠가 '만년 샤쓰'를 입고 왔다는 창남이의 대사를 울먹이면서 읽은 것이다. 엄마가 떠난 뒤에 마치 감정 없는 인형처럼 무덤덤한 시간을 보내 온 아빠의 울먹임과 눈물은 나뿐 아니라 구성원들 모두에게 감동을 주었다.

우리는 저마다 겪었거나 만난 창남이 이야기를 나누었다. 이후 한국동화스피치협회의 특별 공연으로 〈만년 샤쓰〉 문학 소리극을 함께 보고, 낭독을 위한 호흡, 발성, 감정 표현법을 배우면서 그림책을 오감으로 만나 보았다. 어느새 찾아온 마지막 수업 그림책은 사랑이 담긴 보자기 이야기 《책보》와 《막걸리 심부름》이었다. 여느 때와 같이 책을 윤독하고, 옛날 주전자와 그릇에 미리 준비한 막걸리를 담아 술과 함께 마지막 이야기를 나누었다. 그리고 마지막 인사를 나눌 때 할머니가 주신 다정한 이별 선물과 편지를 보면서, 어느새 우리가 그림책 안에서 다정한 친구가 되었다는 걸 알 수 있었다. 계속할 수 없냐는 질문을 뒤로 하고 '모래시계 독서 모임'은 마무리되었다.

이제, 아빠는 용기를 내어 '시니어 스마트폰 교육'을 받고 계시고, 할머니 한 분은 그림책에 흠뻑 빠지게 되셨고, 또 한 분은 도서관에서 진행하는 이야기 할머니에 도전해 보시기로 했다. 이처럼 우리는 〈모래시계 시니어 독서 모임〉을 통해 다정하게 만났고, 새로운 삶을 위한 도전과 용기를 배울 수 있었던 귀한 시간이었다.

송지현 | 25년 동안 그림책을 만들고 있는 그림책 전문 편집자이며 기획자입니다. 지금은 길벗어린이에서 국내외 다양한 그림책들을 만들고 있습니다. 대표 기획 및 편집 도서로는 〈국시꼬랭이 동네 시리즈〉, 〈우리얼 시리즈〉, 《엄마의 선물》, 《옥춘당》 등이 있습니다.

하예라의 음악이 흐르는 그림책
다 같이 보고 불러요, 노래 그림책

하예라 | 피아니스트, 음악 교육가이자 〈라키비움J〉 기자입니다. 음악을 들으면 그림책이 떠오르고, 그림책을 읽으면 음악이 흐릅니다. 그림책이 노래하고 음악이 보이는 예술 경험이 누구에게나 당연한 것이 되길 꿈꾸며 글을 쓰고 강의를 하고 연주를 합니다.

송알송알 싸리잎에 은구슬 조롱조롱
거미줄에 옥구슬

어떠세요? 나도 모르게 흥얼거리고 있나요? 〈구슬비〉는 권오순 시인이 18세이던 1937년에 발표한 시에 작곡가 안병원이 곡을 붙여 탄생한 동요예요. 이 곡이 언제 지어졌는지 아세요? 무려 1948년이랍니다. 80년 가까운 세월 동안 남녀노소가 모두 즐겨 부르는 노래가 되었어요. '송알송알, 조롱조롱' 같은 예쁜 의태어로 시작하는 문장 덕에 영유아를 위한 말놀이 동요로도 불리고요. 초등학교 음악 교과서에서도 만날 수 있어요.

한두 달만 지나도 구식이 되어버릴 정도로 급변하는 시대에 한 세기를 살아남는 동요가 있다는 게 새삼 반가워요. 이게 바로 음악의 힘인 것 같기도 하고요. 그래서 준비했습니다. 모두가 함께 어울려 부를 수 있는 노래 그림책! 가사와 음악을 더욱 생동감 있게 만드는 그림책과 함께 예술 여행 떠날 준비 되셨나요?

《구슬비》 권오순 시, 이준섭 그림, 문학동네

《구슬비》
권오순 시, 이준섭 그림, 문학동네

싸리잎이 어떻게 생겼는지 아세요? 달걀 모양처럼 생긴 작은 잎이 세 장씩 마주나요. 이 잎으로 만든 빗자루를 싸리비라고 부르지요. 문학동네 출판사에서 펴낸 《구슬비》의 그림에서는 싸리잎 위에 은구슬 같은 빗방울이 송알송알 맺혀 있는 걸 볼 수 있어요. 노래로만 부를 때보다 그림책을 한 장 한 장 넘기며 아이와 부르면 가사 속 의태어가 어떤 의미인지도 쉽게 각인되겠죠? 보드북 구성이라 튼튼해서 주변에 태어날 아이가 있다면 선물로도 참 좋아요. 매 페이지 맺혀 있는 구슬비가 아름다운 그림책이랍니다.

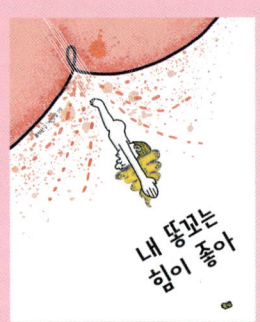

《내 똥꼬는 힘이 좋아》
류형선 글, 박정섭 그림, 풀빛

제목부터 아이들 취향 저격이에요. 내 똥꼬가 얼마나 힘이 좋은지 똥꼬를 거쳐 갔던 똥들에게 물어보라는 동요라니! 심지어 국악 동요랍니다. 그림도 얼마나 재밌게요. 표지부터 심상치 않죠? 아이의 생활과 밀접한 주제를 노랫말로 만든 국악 동요가 시리즈로 줄줄 나옵니다. "아무 데나 피어도 / 생긴 대로 피어도 / 이름 없이 피어도 / 모두 다 꽃이야"라는 감동적인 가사의 《모두 다 꽃이야》도 꼭 만나 보세요. 서점에서 '모두 다 똥이야' 찾으시면 안 돼요!

《염소 4만원》
옥상달빛 글, 조원희 그림, 그린북

"너희들은 염소가 얼만지 아니 / 몰라 몰라 / 아프리카에선 염소 한 마리 / 4만원이래. 싸다!" 여성 듀오 가수 옥상달빛이 아프리카 봉사활동을 다녀온 후 만든 음악 〈염소 4만원〉은 따라 부르기 쉬운 멜로디와 염소 한 마리로 아프리카 어린이의 삶을 변화시킬 수 있다는 메시지 덕분에 초등학생들에게도 많이 알려진 노래예요. 구호 사업의 광고 속 슬픈 눈망울의 아이를 보며 빨개진 눈으로 후원금을 내던 당신에게 이 그림책을 권하고 싶어요. 경쾌하고 발랄한 그림과 노래가 담긴 그림책의 인세 일부는 아프리카 아이들을 돕는 지원사업에 기부된다고 하니 기쁜 마음으로 노래를 흥얼거리며 한 권 구매해 봐요. 아프리카에선 염소 덕분에 아이들이 학교에 갈 수 있대요!

《숲 속 작은 집 창가에》
유타 바우어 글·그림, 북극곰

"숲 속 작은 집 창가에 / 작은 아이가 섰는데 / 토끼 한 마리가 뛰어와 / 문 두드리며 하는 말" 엄마가 부르면 아이가 다급한 목소리로 토끼가 된 양 말하죠. "나 좀 살려주세요. / 나 좀 살려주세요. / 나를 살려주지 않으면 / 포수가 빵 쏜대요!" 작은 토끼가 된 아이를 꼭 껴안고 편히 쉬라고 말해 주며 정서적 유대감을 쌓을 수 있는 동요 〈숲 속 작은 집〉을 모티브로 한 그림책이 있어요. 숲속 작은 집에 사는 노루가 토끼와 여우 그리고 사냥꾼까지 집으로 초대해요. 동물들이 잡아먹힐까 걱정된다고요? 괜찮아요. 잡는 건 따로 있더라고요.

《여우야, 여우야, 뭐 하니?》
권유선 글·그림, 이루리북스

술래잡기 놀이 전래동요를 소재로 만든 코믹 스릴러 그림책이에요. "여우야, 여우야, 뭐 하니?" 쥐가 물어보니 재료를 찾고, 피부 관리해 준다며 쥐에게 달걀물을 입히는 여우! 과연 쥐의 운명은 어떻게 될까요? 전래동요를 작가의 기발한 상상력으로 재해석한 창작 그림책이에요. 아이와 함께 읽고 나라면 어떻게 바꿀 수 있을지 생각하며 불러보면 재밌는 이야기가 술술 나올 것 같아요.

풀빛 국악 동요 그림책

《모두 다 꽃이야》 류형선 글, 이명애 그림
《나도 어른이 되겠지》 류형선 글, 채상우 그림
《모두 제자리》 정경아 글, 김성희 그림
《맛없는 밥은 없어》 류형선·류준하 글, 최지미 그림
《밖에 나가 놀자》 류형선 글, 김선배 그림
《손 씻기 발 씻기》 정경아 글, 홍기한 그림

문학동네 아기 시 그림책

《설날》 윤극영 시, 박정숙 그림
《반달》 윤극영 시, 이광익 그림
《꼬까신》 최계락 시, 조은화 그림
《옹달샘》 윤석중 시, 홍성지 그림
《누가 누가 잠자나》 목일신 시, 이준섭 그림

섬아이 소리샘 그림책

《꼬마야》 이장수 글, 하수정 그림
《꽃밭에서》 어효선 글, 하수정 그림
《초록바다》 박경종 글, 하수정 그림
《반달》 윤극영 글, 하수정 그림

아름다운 노랫말과
그림을 함께
감상할 수 있는
노래 그림책 시리즈

스푼북 노래가 좋아 그림책

《숲 속을 걸어요》 유종슬 글, 국지승 그림
《꿈꾸지 않으면》 양희창 글, 정하나 그림
《에일리언》 이찬혁 글, 이윤우 그림
《크리스마스에는 축복을》 김현철 글, 최정인 그림
《아름다운 세상》 박학기 글, 김유진 그림

"꿈 많던 엄마의 눈부신 젊은 날은
너란 꽃을 피게 했단다"

창비 노랫말 그림책

《딸에게 보내는 노래》 유희열 글, 천유주 그림
《네모의 꿈》 유영석 글, 안소민 그림
《풍선》 이두헌 글, 최은영 그림
《문수의 비밀》 루시드폴 글, 김동수 그림
《작은 연못》 김민기 글, 정진호 그림
《재밌는 여행: 모험가의 자장가》 안승준 글, 홍나리 그림

이시내의 그림책 인문학

"왜 리디아는 빵을 굽지 않고 꽃을 심었을까?"
: 그림책이 품은 시대

이시내 | 초등 교사이자 작가, 〈라비비움J〉 기자이다. 아이들의 마음과 세상을 잇는 시냇물로 살고 있다. 하루하루의 수업이 흘러서 이야기가 되고, 그 이야기가 다시 책이 되어 누군가의 마음속으로 스며든다. 아이와 세계를 부드럽게 이어 다시 숨 쉬게 하는 일을 꾸준히 이어가고 있다.
《명화 읽어주는 엄마》, 《아가야 너는 특별해》(탄생 명화 태교)에서 명화 속 빛과 색으로 삶의 아름다움을 이야기했고, 《초등학생이 좋아하는 동화책 200》에서는 오랜 교직의 시간 속에서 아이들과 함께 읽은 동화책들을 기록했다. 그림책 잡지 《라키비움J》 창간호부터 기자로 참여하며 그림책과 동화책을 넘나드는 작가 인터뷰, 서평, 수업자료를 꾸준히 집필하고 있다.

《리디아의 정원》
사라 스튜어트 글, 데이비드 스몰 그림, 이복희 옮김, 시공주니어

§ "그때 그 시절에는" 그림의 목소리

0세에서 100세까지 함께 읽고 나누는 장르, 그림책. 다양한 해외 그림책의 번역과 한국 그림책의 역사를 거치며 이제는 '클래식'이라 불러도 모자라지 않은 작품들이 생겨났다. 1997년 출간되어 1998년 칼데콧 아너 상을 받은 《리디아의 정원》은 그중 대표작이다. 한국에서도 초판 100쇄를 돌파하며 오랫동안 사랑받아 왔지만, 많은 독자는 여전히 이 작품을 식물을 돌보며 가족애를 회복하는 따뜻한 이야기로만 기억한다. 그러나 《리디아의 정원》이 품은 감동은 리디아의 내면을 시각적으로 그려낸 그림과 그 안에 자연스럽게 녹아든 시대적 배경을 함께 읽을 때 더욱 깊어진다. 개인의 성장 이야기로도 충분히 독자에게 울림을 주지만, 그 이면에 담긴 시대적 맥락을 이해할 때 《리디아의 정원》이 지금까지도 사랑받는 '클래식'인 이유를 한층 더 선명하게 확인할 수 있다.
이 글은 바로 그 '보이지 않는 시간의 언어', 즉 그림이 말하는 시대의 목소리를 읽어 내는 시도다.

§ 리디아는 왜 부모와 떨어지게 되었을까?

《리디아의 정원》은 부모의 실직으로 가정 형편이 어려워진 소녀 리디아 그레이스 핀치가 외삼촌에게 보내는 편지로 시작한다. 리디아는 외삼촌에게 자신을 소개하는 편지를 보내고, 가족과 떨어져 홀로 기차를 타고 도시로 향한다. 이후 이야기는 리디아가 외삼촌 빵 가게에서 일하며 가족에게 안부를 전하는 편지 형식으로 펼쳐진다. 리디아는 낯선 도시에서 자신이 사랑하는 원예를 통해 삶을 가꾸고, 주변 인물들과 관계를 맺으며 점차 일상의 리듬을 회복한다. 대부분 독자는 작품 전반에 깔린 리디아의 긍정성과 가족애의 회복에 감동한다. 그러나 그 감동 이면에는 대공황기의 불안과 생존의 정서가 깔려 있다. 《리디아의 정원》은 단순한 취미와 회복의 공간뿐만이 아니라, 불안한 시대 속에서도 자신을 잃지 않으려는 생존의 몸부림이자 삶을 지탱하는 의지로 읽힌다. 그런 점에서 현대 독자에게는 부모의 실직으로 아이가 외삼촌의 가게에서 지내는 설정이 낯설지만, 바로 그 낯섦이 이 작품의 시대적 의미를 환기한다.

리디아가 외삼촌에게 첫 편지를 쓴 날짜는 1935년 8월 27일로, 1929년부터 이어진 대공황기에 해당한다. 이 시기 미국은 대규모 실업과 빈곤이 일상이었고, 사회 불안이 극도로 치달았다. 성인들은 구직 광고를 목에 걸고 거리를 다녔고, 어린이들도 "우리 아빠에게 일을 달라."라는 문구가 적힌 팻말을 들고 다녔다. 무료 급식소가 운영되었고, 일자리를 구하지 못한 시민들의 행렬이 도시의 일상이었다. 이러한 사회상은 작품의 시각 언어를 해석하는 중요한 단서이다. 작품 속 인물의 표정과 공간의 색조는 이런 시대적 공기를 충실히 반영한다.

§ 불황이 바꾼 세상의 색깔

데이비드 스몰의 수채화는 대공황기의 정서를 빛의 명암과 색의 온도로 표현한다. 리디아가 가족과 헤어지기 전 머무는 공간은 따뜻하지만, 메마른 갈색 톤이다. 갈색은 삶의 척박함을 드러내면서도 인간적인 온기를 잃지 않는다.
리디아가 홀로 도착한 기차역 장면에서 명암 대비는 강렬해지고 그림자는 길게 늘어져 인물의 고립과 불안을 강조한다. 밝음과 어둠의 경계가 뚜렷한 장면은 홀로 가족과 떨어진 리디아의 내면 풍경이자, 당시 미국 사회의 불안

한 분위기를 시각적으로 압축한 그림이다.

리디아가 외삼촌의 동네에 도착해 보낸 편지에는 "집집마다 창밖에 화분이 있어요! 마치 화분들이 저를 기다리고 있었던 것처럼 보입니다."라는 문장이 등장한다. 리디아의 글은 따뜻한 온기와 희망을 말하지만, 그림은 메마른 거리와 텅 빈 화분으로 차갑고 불안한 사회의 분위기를 보여준다. 글은 평온과 희망을 말하지만, 그림은 결핍과 불안을 시각화한다. 이처럼 리디아의 밝은 목소리와 어두운 현실이 맞닿은 장면은 현실의 불안을 달래며 스스로 희망을 지켜내려는 내면의 힘을 시각적으로 드러낸다. 글과 그림의 대비로 만들어진 긴장감은 독자의 시선을 자연스레 그림에 집중하게 만들며, 작품 전체의 정서를 이끈다.

§ 왜 삼촌은 웃지 않을까?

묵묵히 빵 가게를 운영하며 '웃지 않는' 짐 외삼촌과 가게에서 빵 반죽을 배우며 꽃과 고양이를 돌보는 리디아의 일상은 전반적으로 건조한 분위기로 그려진다. 데이비드 스몰의 그림은 감정을 직접 묘사하지 않고, 색채와 구도를 통해 리디아의 내면을 드러낸다. 무표정한 외삼촌의 얼굴은 단순히 성격이 아니라, 감정을 억누르며 살아야 했던 시대의 생존 방식을 암시한다. 그와 대조적으로, 혼란스러운 도시 속에서도 비밀 정원을 가꾸며 작게 웃는 리디아의 모습은 '삶의 희망'을 뜻한다. 어둠이 짙을수록 어린이의 웃음과 목소리가 더욱 선명히 빛나는 것처럼.

§ 가게 벽에 걸린 돈 보셨어요?

가게를 청소하며 외삼촌을 놀라게 할 '어마어마한 음모'를 꾸미는 장면에서는 한쪽의 노란 수선화가 시선을 끈다. 희망과 새로운 시작을 뜻하는 이 꽃은 리디아가 준비하는 비밀 계획의 예고편으로 읽힌다. 가게 벽에는 빵 가격표와 시계 아래 미국의 32대 대통령 프랭클린 D. 루스벨트의 사진이 걸려있다.

대공황기에 루스벨트 대통령은 공공사업 확충과 사회보장 제도를 포함한 뉴딜(New Deal) 정책으로 경제적 안정과 신뢰 회복을 시도했다. 그의 사진이 가게 벽에 걸려 있는 것은 국가가 곁에 있다는 신뢰의 언어로 작동했다. 그 아래 붙은 지폐는 행운과 번영을 뜻하는 2달러 혹은 첫 수입을 기념하는 1달러로 보인다. 이 역시 가게의 작은 희망을 예고하는 의미로 기능한다. 작가는 그림 속 시대의 흔적과 시각적 장치로 절망 속에서도 피어나는 희망의 메시지를 정교하게 설계했다.

§ 리디아가 꽃을 키운 이유는?

1936년 5월 27일, 가게에 손님이 가득 찬 날 외삼촌이 처음으로 희미하게 웃는 장면은 빛과 색, 인물 구도의 변화로 이전의 심리적 단절이 점차 해소되는 과정을 보여준다. 이어지는 장면에서 리디아가 심은 화초로 가득 찬 빵 가게 건물은 골목 전체를 환하게 밝히고, 리디아가 건넨 꽃을 든 인물들도 한결 부드러운 표정이다. 여전히 경제적으로 어려운 시기지만, 인물들은 꽃을 보며 대공황 속에서도 살아가려는 의지를 드러낸다.

§ 대공황을 이겨낸 건 사람 사이의 온도

리디아가 집으로 돌아가는 기차역 장면은 변화의 정점을 보여준다. 처음 도착했을 때의 어둡고 외롭던 역은 이제 환한 빛으로 가득한 공간으로 바뀌었다. 외삼촌은 기차 승강장까지 나와 무릎을 꿇고 리디아를 꼭 끌어안는다. 초반 기차역 내부에 홀로 서 있던 리디아의 모습은 이제 모두가 함께 배웅하는 장면으로 이어진다. 이 변화는 단순한 관계의 변화뿐 아니라 대공황의 절망 속에서도 서로를 잃지 않고 지켜낸 사람들의 연대와 회복의 서사로 그 흐름을 완성한다.

집으로 돌아온 리디아는 외삼촌 가게에서 함께 지냈던 고양이 오티스, 할머니, 강아지와 함께 다시 정원 일을 시작한다. 할머니와 같은 옷을 입고 정원 도구를 챙긴 리디아의 모습은 세대 간의 지속성을 시각적으로 완성한다.

§ 작가가 들려주고 싶었던 작가정신

실제 루스벨트 행정부는 1933년 대공황 극복을 위해 민간자원보전단(CCC: Civilian Conservation Corps) 사업을 설립했다. CCC는 18~25세 청년 남성을 모집해 산림 조성, 홍수 방지, 국립공원 및 도로 건설 등 공공사업을 진행했다. 숙식을 제공하며, 급여의 일부는 가족에게 송금했다. 대공황에서 경제 회복과 가족 생계유지를 동시에 목표로 한 대표적인 뉴딜 정책이었다. 이 프로그램은 훗날 미국 국립공원 제도의 기초가 되었으며, 자연을 되살리며 인간의 삶을 회복하는 새로운 국가 담론을 형성했다.

이 역사적 맥락에서 《리디아의 정원》은 가족 서사를 넘어 '회복의 세대'를 향한 문화적 회고로 읽힌다. 나무를 심고 공원을 가꾸며 가족에게 월급을 보냈던 1930년대의 청년들, 그리고 그들의 자녀가 부모가 된 1997년에 출간된 이 그림책은 자연과 인간의 회복을 함께 꿈꾸었던 시대의 의지를 떠올리게 한다. 절망의 시대 속에서도 자연을 돌보며 삶을 다시 세우려 했던 그 정신이, 리디아가 가꾼 정원에서 다시 피어난다.

§ 표지를 펼치기 전에는 리디아의 정원에 들어오지 않았다.

표지는 이 모든 상징을 가장 압축적으로 드러낸다. 데이비드 스몰은 사선 구도와 수직으로 솟은 건물 사이, 옥상 위에 화분을 안고 한 손에 삽을 든 리디아의 모습으로 절망 속에서도 재건을 향한 시대의 의지를 재현했다. 자유의 여신상처럼 손을 들어 올린 리디아의 자세는 1930년대의 회복 서사를 상징하며, 개인을 넘어 시대의 이야기를 품은 주체로서 리디아의 존재를 선명히 각인시킨다. 또한, 어둠 속에서도 긍정성을 잃지 않는 리디아의 모습은 대공황 시대를 살아내며 빛을 잃지 않는 어린이의 생명력을 보여준다.

§ 리디아는 정원을 가꿨다. 우리는 무엇을 키우는가?

'클래식'이 시대를 초월한 감동을 전하는 장르라면, 《리디아의 정원》은 시대를 초월하는 감동의 서사를 지님과 동시에 특정 시대의 정서를 시각 언어로 기록한 문화적 자료이기도 하다. 이 작품은 감동적인 서사를 넘어, 그림 속에 담긴 시대의 생활상과 사회적 맥락을 세밀하게 드러내는 기록물이다.

특히 그림이 이야기의 배경에 머무르지 않고 글과 대등한 해석의 주체로 작동함으로써 《리디아의 정원》은 개인의 체험을 한 시대의 미학으로 확장한다.

그림책을 다시 펼칠 때마다 《리디아의 정원》은 읽는 이의 시대 감각에 따라 다른 표정을 드러낸다. **시대의 맥락을 이해하며 그림책을 읽는 일은 단순한 감상의 차원을 넘어, 이 시대를 살아가는 '나'의 위치를 성찰하는 일이다. 시대를 이해하는 일은 곧 자신을 아는 일이며, 그 이해를 바탕으로 작가가 전하려 한 세계의 의미에 닿을 수 있다. 지난 시대의 맥박을 느끼며 현재를 살아가는 자신에게 질문을 건네는 시간이 되길 바란다.**

표유진의 그림책 리터러시

"그 물고기는 왜 혼탁한 색깔이 되었나?"
: 《나를 찾아서》의 그림 속 상징 분석

표유진 | 〈라키비움J〉 편집장이자 임상미술치료사, 어린이 문화예술교육 기획자로 활동하고 있다. 더불어 17년 동안 140여 권의 책을 기획 편집한 출판 편집자이다. 성남시다문화가족지원센터, 해바라기센터, 탈북청소년 방과후교실, 한양대학교병원 어린이병원학교 등에서 임상미술치료를 진행했고, 경기문화재단, 용인문화재단, 서울시여성가족재단, 서울북부교육지원청, 경기도교육연수원 등에서 그림책을 활용한 예술교육 프로그램을 기획 교육했다. 또 삼성을 비롯한 기업과 도서관, 교육 기관에서 다수의 부모 교육 및 교사 교육을 진행했다.
쓴 책으로는 《엄마의 어휘력》, 《임마가 되고 난 이런 생각을 해》, 스텝스 《아트테라피북》, 《플레이테라피북》, 두두스토리 《이사 가기 싫어!》, 《우주 최강 쌍둥이》, 〈생각이 자라는 놀이터〉 시리즈 들이 있으며, 논문 〈ADHD 아동의 모-자 미술치료 네러티브 연구〉를 썼다.

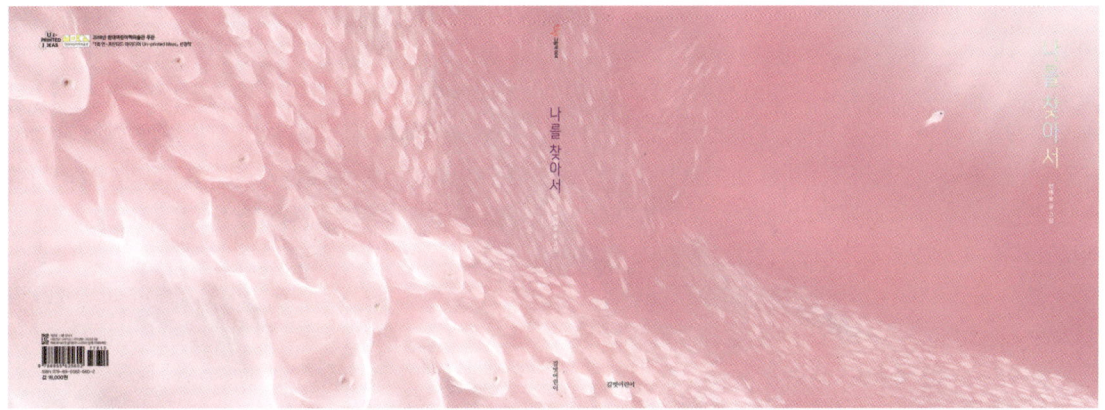

《나를 찾아서》 변예슬 글·그림, 길벗어린이

이미지 마음의 이야기

자화상은 단순히 '얼굴을 그린 그림'이 아니다. 눈에 보이지 않는 마음과 생각, 감정의 움직임을 그림으로 옮기는 행위다. 그래서 자화상에는 작가가 겪은 흔들림과 성장, 다시 자신을 찾아가는 과정이 그대로 담긴다.

변예슬의 첫 그림책 《나를 찾아서》는 마치 작가가 그린 물속 자화상처럼 느껴진다. 이야기의 주인공은 한 마리의 물고기다. 그 물고기는 무리에서 떨어져 스스로의 길을 찾아 헤엄치며, '나'를 찾아가는 여정을 시작한다. 물고기로 상징된 '자아'가 자신의 본모습을 찾아가는 이 심리적 여정은 섬세한 시각 언어로 펼쳐진다. 이 책의 가장 큰 특징은 글보다 그림이 서사를 이끈다는 점이다. 이미지 안에 촘촘히 숨어 있는 상징들을 따라가다 보면, 이야기의 감정 결이 더욱 다채롭고 깊이 있게 느껴진다.

융의 분석심리학 연구자인 잉글리트 리델은 "그림은 인간 정신을 상징화하는 언어이며, 가장 근원적인 인간의 언어"라고 말했다. 《나를 찾아서》는 바로 이 말처럼, 그림을 통해 인간의 내면과 자아의 여정을 상징적으로 보여준다. 이 글에서는 그 시각적 상징들이 어떻게 작동하며, 작가가 어떻게 그림으로 '자신을 찾아가는 과정'을 그려냈는지 살펴보고자 한다.

물 태어남과 마음의 시작점

책을 펼쳐 앞표지와 뒤표지를 나란히 놓으면, 수많은 물고기들이 조류를 따라 한 방향으로 헤엄친다. 그런데 그 속에서 단 한 마리만 무리에서 벗어나 오른쪽 위를 향해 나아간다. 물고기의 시선을 따라가면, '나를 찾아서'라는 제목이 홀로그램 후가공으로 반짝이며 밝은 빛을 머금고 있다.

독자는 자연스럽게 이 물고기를 따라 깊은 물속으로 들어간다. 흥미로운 점은, 물이 흔히 보는 파란색이 아니라 따뜻한 분홍빛으로 표현되어 있다는 것이다. 부드럽고 포근한 이 색은 아기가 세상에 오기 전 머무는 양수, 즉 '태어남의 공간'을 떠올리게 한다. 단순한 배경이 아니라, 자아가 처음 태어나는 원초적 공간인 셈이다.

미술치료에서는 자궁을 인간 내면의 가장 안전한 공간, '태초의 집'으로 본다. 작가는 분홍빛 물로 이 공간을 시각화하며, 태내의 심장 뛰는 소리와 초기 생명의 감각까지 담았다. 감정과 무의식을 상징하는 물속에서, 물고기는 가장 자유롭게 헤엄치며 '빛'과 '나'를 향해 나아간다. 이 장면은 마음속에서 "나는 누구일까?"라는 질문이 처음 떠오르는 순간을 떠올리게 한다.

색채 욕망과 내적 혼란

빛 속을 헤엄치던 어느 날, 물고기는 반짝이는 보석들로 가득한 공간과 마주한다. 특히 가장 빨갛게 빛나는 보석에 입을 맞추는 순간, 단순한 동경을 넘어 '소유하고 싶은 욕망'과 '남을 따라 모방하려는 마음'이 드러난다. 맑고 투명하던 몸은 외부 빛과 욕망의 영향을 받아 빨강으로 물들고, 이어 파랑과 초록, 검정으로 점차 변해간다. 흥미로운 점은, 물고기가 자신이 변화한 색을 제대로 인식하지 못한다는 것이다. 이는 자신의 마음 상태를 충분히 살피지 못하는 심리적 태도를 보여준다.

색채는 단순히 아름다움을 위한 장치가 아니다. 괴테의 색채론에 따르면, 빨강은 충동과 욕망, 파랑은 감정의 깊이, 초록은 혼합과 경계의 모호함, 검정은 혼란과 억눌림을 상징한다. 물고기가 외부의 여러 색을 흡수하며 몸을 바꾸는 장면은, 본래 자신이 아닌 외부의 조건과 기대에 맞춰 자기를 꾸미려 했던 내적 심리를 시각화한 것이다. 결국 외부 색이 뒤섞인 물고기는 혼탁하고 기이한 모습이 되어, 욕망과 모방이 자아를 흐린 결과를 드러낸다.

보석 자아의 빛을 가리는 외부의 반짝임

보석은 화려하다. 반짝이고, 갖고 싶게 만든다. 하지만 사실 그건 물고기의 것이 아니다. 물고기가 보석을 삼키고 더 강한 빛을 찾으려 할수록, 몸은 점점 어두워지고 우스꽝스러워진다. 보석의 아름다움에 유혹당한 물고기가 그것을 취함으로 인해 꿈꾸었던 자신의 모습은 무엇이었을까? 보석은 욕망과 왜곡된 자아, 혹은 외부의 시선, 타인의 기준 등을 상징한다.

이 장면은 우리가 살아가면서 겪는 경험과도 닮았다. 남들이 좋다고 하는 걸 따라가거나, 나보다 더 빛나 보이는 무언가를 쫓을 때, 정작 내 안에 있는 빛을 잃어버리는 순간이 있다. 이 책의 물고기 역시 나 아닌 것들로 인해 본래의 투명함을 잃어버린 자아를 보여준다.

거울 나를 다시 바라보는 순간

다른 물고기들의 웃음소리가 들려오지만, 주인공은 왜 웃는지 모른다. 자신이 얼마나 변했는지 모르기 때문이다. 그러다 어느 날, 물고기는 커다란 눈동자에 갇힌다. 타인의 시선이 자신을 조여 오는 순간이다. 두려움에 휩싸인 물고기는 마침내 거울 앞에 선다. 거울 속에는 더 이상 예전의 투명한 물고기가 없다. 낯선 모습이다. 하지만 이 장면은 절망이 아니라 전환점이다.

미술치료에서 거울은 '자기-타자 구분의 경계'를 상징한다. 주인공은 거울 속 낯선 자신을 마주하며 욕망의 그림자를 인식한다. 동시에 진짜 자신을 찾고자 하는 내적 욕구가 깨어난다. 거울을 본다는 건 '지금의 나'를 마주 보는 순간이다. 이는 우리가 인생에서 상처와 욕망, 실패와 혼란을 인정하며 스스로를 돌아보는 순간처럼 느껴진다.

빛 본래의 나로 돌아가기

거울 앞에서 물고기는 보석들을 모두 내뱉는다. 욕망을 붙들고 있었던 색들도 하나둘 지워진다. 물고기의 몸은 다시 투명하게 빛나지만, 처음과는 조금 다르다. 검은빛의 지느러미가 생겨난다. 이는 겪은 일을 지운 것이 아니라 품은 채 다시 나아가는 모습이다.

중요한 점은 이 빛이 외부에서 얻어진 것이 아니라, 처음부터 물고기 안에 존재했던 내적 자원임을 드러낸다는 것이다. 독자는 이 과정을 통해 자신 안에 이미 있는 내적 자원을 인식하고, 외부 영향과 혼란 속에서도 자아를 회복할 수 있는 심리적 가능성을 체험하게 된다. 이 장면은 "나를 찾는다는 건 완전히 새로워지는 게 아니라, 처음부터 내 안에 있던 것을 다시 기억하는 일"임을 보여준다.

그림이 들려주는 마음의 여정

《나를 찾아서》는 복잡한 감정을 글이 아닌 그림의 언어로 들려주는 이야기다. 물, 색, 보석, 거울, 빛이라는 요소들이 각각 마음의 상태를 상징하면서도 하나의 흐름으로 이어진다.

작품 속 물고기는 처음엔 투명했다가 외부의 영향을 받고, 다시 자기 안의 빛을 찾아 회복한다. 우리 역시 삶을 살아가면서 타인의 기대와 욕망에 물들고, 어느 순간 거울 앞에 선 듯 자신을 다시 바라보게 된다. 그리고 그 과정을 지나 진짜 나를 찾아 나아간다.

이 그림책은 어렵지 않은 이야기로, 자아를 찾아가는 섬세한 심리적 과정을 시각적으로 보여주는 작품이다. 어른에게는 마음 깊은 곳을 건드리는 여운을, 아이에게는 자기 자신을 바라보는 경험을 선물할 것이다.

《나를 찾아서》 변예슬 글·그림, 길벗어린이

"세상에 나쁜 경험은 없다!"

우리가 살아가면서 실제로 해 보거나 겪은 일, 그리고 그 안에서 얻게 된 깨달음을 우리는 '경험'이라고 부릅니다. 그렇다면 내가 걸어온 모든 순간이 곧 경험이라 말할 수 있겠지요. 누구나 꽃길만 걷고 싶어 하지만, 현실의 삶은 그렇지 않습니다. 넘어지고, 부딪히고, 다쳐서 상처가 남기도 합니다. 때로는 그 상처가 제대로 아물지 못해 흉터로 남기도 하지요. 그럼에도 불구하고 저는 이렇게 말하고 싶습니다. 세상에 나쁜 경험은 없다고요. (물론 범죄 피해나 PTSD처럼 삶을 근본적으로 흔드는 극단적인 경험은 예외입니다.) 여기서 말하는 '경험'은 일상의 범주에서 우리가 마주하는 크고 작은 일들입니다.

어마어마하게 멋진 경험

존 클라센이 그림을 그리고 맥 바넷이 글을 쓴 《샘과 데이브가 땅을 팠어요》는 경험의 의미를 잘 보여주는 그림책입니다. 두 아이, 샘과 데이브는 '어마어마하게 멋진 것'을 찾기 위해 땅을 파기 시작합니다. 독자들의 눈에는 거대한 보석이 보입니다. 심지어 강아지마저 그것을 눈치챈 듯합니다. 하지만 아이들은 끝내 보석을 발견하지 못합니다. 지쳐 쓰러지고, 땅속 깊은 곳으로 떨어진 순간, 아이들은 이렇게 말합니다.
"정말 어마어마하게 멋졌다."
보석을 얻지 못했는데도 왜 그렇게 말했을까요?
아이들은 이렇게 대답합니다.
"위, 아래, 사방으로 땅을 팠잖아요. 그러다 다시 집이 나왔으니까 깜짝 놀란 거예요. 진짜 어마어마하게 멋진 일이잖아요."
"꿈같이 멋진 경험을 했으니까 멋진 거예요."
아이들이 말하는 '어마어마하게 멋진 것'은 값비싼 보석이나 눈부신 성취가 아닙니다. 예기치 못한 신기함, 새로운 발견, 그리고 그 과정을 함께 한 경험 그 자체였습니다. 어른의 눈에는 눈앞의 보석을 놓치고 엉뚱한 곳을 파는 아이들이 안타깝게 보일 수 있습니다. 하지만 아이들은 땅을 파는 동안 이미 세상을 바라보는 눈을 달리하게 되었습니다. 아무 일도 일어나지 않은 것처럼 보여도, 그 행위 자체가 신기하고 새로워서 '어마어마하게 멋진 경험'이 되었던 것이지요.

두려움을 넘어서는 경험

경험은 때로 두려움을 넘어서는 힘이 되기도 합니다. 염혜원의 그림책 《수영장 가는 날》 속 주인공은 수영장에 가는 날 아침이면 늘 배가 아픕니다. 첫날에는 물에 들어가지도 못합니다. 두 번째 날, 여전히 배가 아팠지만 선생님의 도움으로 용기를 내어 물에 들어가 끝까지 수영장을 긴넙니다. 그리고 마침내 배가 아프지 않게 되지요.
그 장면에서 아이들은 묻습니다.
"왜 처음에는 배가 아프다가 나중에는 괜찮아졌어요?"
"처음엔 수영하기 싫어서 꾀병을 부린 거예요."
"원래 처음 할 때는 긴장이 돼요."
"수영장에 처음 가는 거잖아요. 물속에 빠져서 죽을 수도 있잖아요."
"미끄러우니까 넘어져서 다치면 어떻게 해요?"
결국 주인공은 어떻게 두려움을 이겨냈을까요?

"물에 들어가 보니 물이 따뜻했어요."
"처음엔 무서웠지만 발을 담그다 보니 좋아졌어요."
"다들 혼자 하니까 자기도 해보고 싶어졌어요."
아직 경험하지 못한 것에 대한 두려움은 누구에게나 있습니다. 그러나 막상 부딪혀 보면 생각보다 즐겁고, 그 경험은 새로운 세계로 나아가는 발걸음이 됩니다.

스스로 해보는 경험

요시타케 신스케의 《벗지 말 걸 그랬어》 속 주인공은 샤워 전 옷 벗는 일을 스스로 해보려 애씁니다. 차라리 벗지 말 걸 그랬다고 후회하지만 샤워 후 또다시 혼자 잠옷 입기에 도전합니다. 얼핏 어리석어 보이는 주인공의 행동에 아이들은 묻습니다.
"엄마한테 도와달라고 하면 되는데, 왜 혼자 하려고 했을까요?"
곧 대답이 이어집니다.
"안 해보면 할 수 없으니까요."
"어른이 되어서도 엄마한테 해달라고 할 순 없잖아요."
"어른이 되어서도 엄마한테 벗겨달라고 하면 안 될까?"
그 순간 아이들은 까르르 웃음을 터뜨립니다. 그 웃음 속에서 우리는 '성장'이라는 단어를 떠올립니다. 작은 일이든 큰 일이든, 경험은 우리를 스스로 할 수 있는 존재로 성장시킵니다.

경험이 주는 선물

철학자 데이비드 흄은 "모든 인식은 경험에서 비롯되며, 경험이 없다면 어떤 관념도 생겨날 수 없다"고 말했습니다. 크고 작은 경험들이 차곡차곡 쌓여, 우리는 나름의 관점으로 세상을 바라보게 됩니다. 낯선 일 앞에서 두렵고 긴장되는 것은 당연합니다. 그러나 경험은 결국 그 두려움을 이겨내도록 돕습니다.

보석처럼 화려한 결과가 없어도, 경험은 우리를 놀라게 하고, 변하게 하고, 한 걸음 더 나아가게 합니다. 그림책 속 아이들이 보여주듯, 세상에 나쁜 경험은 없습니다. 경험은 언제나 우리를 성장으로 이끄는 가장 확실한 길이기 때문입니다.

《샘과 데이브가 땅을 팠어요》
맥 바넷 글, 존 클라센 그림, 서남희 옮김, 시공주니어

최연지 | 동덕여자대학교에서 아동학 석사와 박사를 하고 동덕아동철학연구소에서 유아, 청소년, 어머니들을 대상으로 10여 년간 '그림책으로 철학하기' 수업을 진행하고 있다. 〈우리나라 사실주의 그림책에 나타난 형제 갈등 구조 분석〉, 〈교수 내용 지식(PCK)에 따른 유아 문학 대학 교재 분석〉, 〈로티의 교화철학적 관점에서 바라본 그림책: 사노 요코의 그림책을 중심으로〉 등 그림책, 유아 문학과 관련된 논문을 다수 썼다.

볼로냐아동도서전 '올해의 일러스트레이터' 선정
김슬기 작가가 그리는 귀여운 단짝 <모모와 토토> 시리즈

모모와 토토
생일 파티

**완벽함보다 중요한 것은
친구와 함께하는 마음!**

토토의 생일이 다가오자, 단짝 친구 모모는 완벽한 생일 파티를 준비하기로 해요. 토토는 함께 준비하고 싶지만, 모모는 모든 것을 혼자 하겠다며 만류합니다. 토토의 생일 파티, 문제없이 치를 수 있을까요?

김슬기 지음 | 205X235mm | 양장 | 44쪽 | 15,000원

1탄

《모모와 토토》

서로를 있는 모습
그대로 받아들이고
존중하는 법.

김슬기 지음 | 205X235mm
양장 | 44쪽 | 15,000원

2탄

《모모와 토토
하트 하트》

친구에게 진심을
전하는 방법.

김슬기 지음 | 205X235mm
양장 | 44쪽 | 15,000원

(주)보림출판사 | 문의 031-955-3444 | www.borimpress.com

우리끼리 힘을 모아, 사랑스럽게 정면 돌파!
밤이랑 달이랑 시리즈 마침내 완간!

밤이랑 달이랑 ⑩

날아라 나비야 노인경 그림책

내 아이들이 어렸을 때, 우리 작가가 만든 시리즈 그림책을 보고 자라면 얼마나 좋을까 생각했었다. 이제 그게 된다. 열 권의 세월 동안 밤이랑 달이는 훌쩍 컸겠지만, 그다음 밤이와 달이의 손에 이 고운 책들을 넘겨주겠지. _이수지(그림책 작가)

의로운 어린이와 다정한 친구들의 보름달처럼 환한 승리의 장면이
이 그림책의 결말이다. 서로가 서로를 지켜 주는 한 우리는 무엇도 두렵지 않다.
어린이 곁에 이 시리즈가 있다는 것이 오래오래 든든할 것이다. _김지은(평론가)

밤이랑 달이랑 시리즈   ★ 2024 한국에서 가장 즐거운 책 대상 ★

❶ 친구랑 안 놀아   ❷ 이불은 안 덮어   ❸ 하나도 안 괜찮아   ❹ 우유는 안 마셔   ❺ 내 거야 다 내 거야
#친구 #관계   #잠자리 #이불   #상처 #밴드   #우유 #식습관   #자기주장 #남매

❻ 훌훌 도르르 마법 병원   ❼ 꽁꽁 사르르 비밀의 밤   ❽ 우르르 팡 변신 우산   ❾ 도둑을 잡아라
#병원놀이 #공감   #간식 #모험   #비 #연대   #놀이 #탐정

www.munhak.com
문학동네

댕댕이 좋아하세요?
우리 은동이 좀 보고 가세요!
얼마나 사랑스럽'개'요!

사랑스러운 우리 은동이와
푸근하고 귀여운 할머니의
소박하고 애틋한 하루하루가 담긴
우리 은동이네 놀러 오세요!

어디서 나타났는지 할머니 가슴팍으로 뛰어든 강아지 한 마리!
할머니가 은동이라는 이름을 지어 부르자 꽃처럼 어여쁜 '우리 은동이'가 됩니다.
할머니의 아기였던 강아지가 무럭무럭 자라서
학교도 가고요, 사랑도 하고요, 이별도 하고요.
그러면서도 할머니 곁에서 한시도 떨어진 적이 없답니다.
시장도 함께 가고요, 드라마도 같이 보고요, 운동도 하고요.
아프면 걱정이 되어 안절부절 밤새 곁을 지키고요.
그렇게 서로의 가장 소중한 곁이 되어 모든 날을 함께 살며,
하루하루 살아가는 힘이 되어 주고 서로에게 살아가는 이유가 되어 준
우리 은동이와 할머니의 다정하고 따뜻한 이야기!

kiwibooks7@gmail.com

콧날이 시큰 코끝이 찡!
은동이와 함께하는 모든 시간이 참 포근하고 따뜻했다!

로봇 철이: 로봇 철이가 있었습니다

고정순 그림책 | 44쪽 | 210×250㎜ | 값 15,000원

"사람들을 너무도 사랑한 로봇 철이는 날마다
주름을 그리며 사람들과 함께 늙어갔어요."

로봇 철이는 아침이 오면 사람들과 함께 일하러 공장으로 갑니다.
그러던 어느 날, 로봇 철이가 주름을 그리고
사람들 앞에 나타나게 되는데….

달토끼의 후계자를 찾습니다

김도경 그림책 | 60쪽 | 210×245㎜(상철 제본) | 값 15,000원

"유구한 역사와 전통을 이을
달토끼의 후계자를 찾습니다."
은퇴를 앞둔 원조 달토끼의 좌충우돌 후계자 찾기!

후계자를 기다리는 늙은 달토끼 앞에 드디어 지원자가 나타났어요.
"달토끼가 되고 싶습니다!"
그런데 토끼가 아니라 거북이가 '달토끼'가 되고 싶다고?!

내 마음이 편한 곳으로

메 그림책 | 58쪽 | 180×255㎜ | 값 16,000원

"나누고 함께한 추억이 있기에
이별의 자리는 예상보다 기쁠지도 몰라요."
생의 마지막 여정을 비추는 행복하고 다정한 그림책!

로미의 삶의 조각들이 만들어 낸 기적 같은
마지막 순간을 부드럽고 따뜻한 그림으로 만나 보세요.

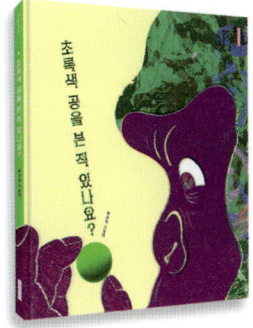

초록색 공을 본 적 있나요?

배유정 그림책 | 62쪽 | 260×298㎜ | 값 24,000원

"지금, 잃어버린 나를 찾아 헤매고 있나요?"
내면의 불안과 조각난 감정을 마주하며
'진짜 나'를 찾아가는 여정!

깊은 숲속을 배경으로, 환상과 현실을 넘나드는 이야기와
상징적 서사가 깊은 울림을 전합니다.

길벗어린이
홈페이지 www.gilbutkid.co.kr
인스타그램 @gilbutkid_book

그림책은 우리집 미술관

그림책 속 한 장면이 독자의 마음을 멈추게 합니다. 여기 미술관의 명화처럼 우리 안의 감정을 흔드는 13점의 아름다운 '그림책 그림'을 소개합니다.

이곳에서는 그림책의 그림을 이야기 이전의 예술로 감상합니다. 천천히 바라보며 그림이 품고 있는 색과 형태, 표현 기법, 주제와 소재의 아름다움을 느껴 보세요.

한 장면에 숨어 있는 그림책의 이야기도 상상해 봐요. 그림책을 펼쳐 나의 상상과 작가의 이야기가 닿은 부분을 비교해 보는 것도 '그림책 미술관'을 즐기는 방법이랍니다.

《아기곰에게 겨울을 어떻게 보여 줄까?》
김지연 글·그림, 노란돼지
겨울잠 드는 아기 곰에게 겨울을 보여 주고 싶어! 따뜻한 아이의 상상.

《나의 취미》
신혜원 글·그림, 보림
작지만 떠올리기만 해도 행복한 나만의 순간들. 색과 빛이 살아 있는 취미의 세계.

《초록색 공을 본 적 있나요?》
배유정 글·그림, 길벗어린이
모두가 못 봤다고 말하는 초록 공, 그런데 왜 다들 그걸 쫓고 있을까? 진짜 나를 찾아 떠나는 환상적인 여정.

《새처럼》
포푸라기 글·그림, 창비
눈 위에 새 발자국을 따라 걷다 보면 어느새 나도 훨훨 날아간다. 함께 날아보자.

《구석》
신순재 글, 김지혜 그림, 위즈덤하우스
자꾸만 네가 더 궁금해. 설렘 가득한 마음 한 구석의 이야기를 만나자!

《꼭꼭 숨어라 봉구, 치타 보일라!》
최은진 글·그림, 뜨인돌어린이
집 밖에서 벌어지는 숨바꼭질 대소동!
동물들이 숨어 있는 곳을 찾으며
친구 사귀는 법까지 배우는 일석이조 그림책

《훔치다》
윤여림 글, 김고은 그림, 천개의바람
친구의 물건을 몰래 훔쳤다가
죄책감에 휩싸이는 아이의 심경을 담았다.
이 책, 가질까?

《물고기 씨앗》
이상교 글, 이소영 그림, 한솔수북
담백한 시와 화려한 그림 속에 생명의 순환이
아름답게 펼쳐진다. 물고기 씨앗이라니.
그림책은 역시 상상력의 씨앗이다.

《반짝반짝》
문지나 글·그림, 문학동네
할머니의 흰머리, 부서지는 물줄기, 안녕 하며
웃는 얼굴. 여름 날의 눈부신 순간을 보는
당신의 얼굴도 반짝반짝.

《나 너희 옆집 살아》
성동혁 글, 다안 그림, 봄볕
태어나면서부터 아팠던 아이가
시인이 되어 모두에게 옆을 내준다.
한 몸처럼 어울리는 초록빛 그림과 시.

**《Dear Fred, Dear Gloria
디어 프레드, 디어 글로리아》**
로타 텝 글, 안나 피롤리 그림,
김여진 옮김, 브와포레
편지 한 장이 이끈 프레드의 대모험.
지도도 없지만 괜찮아.
마음이 길을 알려줄 테니까.

《작은 마을》
후지타 신사쿠 글·그림, 김보나 옮김, 미래아이
두렵지만 설레는 그 길 끝엔 언제나
따뜻한 집이 있다. 서로를 응원하며 내딛는
작은 걸음이 세상을 배우는 큰 모험이 된다.

《우리 은동이》
김선진 글·그림, 키위북스
할머니와 은동이의 소박하고 애틋한 하루하루,
반려견이 주는 커다란 사랑.

《꼭꼭 숨어라 봉구, 치타 보일라!》 최은진 글·그림, 뜨인돌어린이

《나 너희 옆집 살아》 성동혁 글, 다안 그림, 봄볕

《반짝반짝》 문지나 글·그림, 문학동네

《물고기 씨앗》 이상교 글, 이소영 그림, 한솔수북

《나의 취미》 신혜원 글·그림, 보림

《아기곰에게 겨울을 어떻게 보여 줄까?》 김지연 글·그림, 노란돼지

《초록색 공을 본 적 있나요?》 배유정 글·그림, 길벗어린이

"나를 찾고 있나요?"

《새처럼》 포푸라기 글·그림, 창비

《구석》 신순재 글, 김지혜 그림, 위즈덤하우스

《Dear Fred, Dear Gloria 디어 프레드, 디어 글로리아》 로타 텝 글, 안나 피롤리 그림, 김여진 옮김, 브와포레

하얀 눈이 소복소복 내려요.
지붕 위에 설탕을 뿌린 것 같아요.
마을은 순식간에 새하얗게 변했어요.
"자, 어서 손 씻고 오렴. 오늘이 무슨 날인지 알지?"

《라키비움J 11호 : 그림책은 그림》과 함께 즐겨요!

인스타그램으로 놀러 오세요!
>> www.instagram.com/larchi_j

〈라키비움J〉의 소식을 가장 먼저 만날 수 있어요.
11호 발매 기념으로 〈라키비움J〉가 준비한
그림책 작가 워크숍, 그림책 강연 공지 및 신청도 인스타그램에서!
'가을에 꼭 봐야 하는 그림책', '크리스마스를 대표하는 그림책',
'예비 초1을 위한 그림책' 등 〈라키비움J〉가 뽑은 다양한
그림책 큐레이션 정보도 만나요!

@LARCHI_J

카카오톡 오픈채팅방에서 만나요!
>> 오픈채팅방 검색창에 '라키비움J'를 검색하세요!

매 호가 발간되는 시점 〈라키비움J〉 오픈채팅방이 활짝 열려요!
매일매일 그림책 알짜 정보를 받아 보세요. 전국의 그림책 독자들과
함께 나누는 그림책 이야기도 재미있어요.
《라키비움J 11호 : 그림책은 그림》을 〈라키비움J〉 기자들과 함께 읽어요!
기사 뒷이야기도 들려드려요.

2026년에는 5월과 10월에 〈라키비움J〉 12호와 13호를 만나요!
〈라키비움J〉는 매년 2회 발간됩니다. (봄·여름호/가을·겨울호)

조수진 작가의 어린이 창작 아뜰리에

여름 방학을 맞이한 어린이 독자들과 함께한 특별한 만남도 있었어요. 《위대한 완두콩》을 쓰고 그린 조수진 작가님이 그림책 작가의 취향과 영감으로 가득한 공간 '어흥당'으로 어린이 독자를 초대해 주셨지요. 어린이들은 그림책 작가의 캐릭터 창작 노하우를 듬뿍 전수 받아, 기발하고 귀여운 나만의 캐릭터를 만들었답니다.

여름 방학 동안 큰 대회를 준비하느라 애를 쓴 둘째 아이와 함께 '조수진 작가의 어린이 창작 스튜디오'에 참여했어요. 워크숍이 열린 어흥당은 마치 다른 세계로 이동한 것 같이 감각적인 공간으로 어디에다 시선을 두어도 재미있고 신기한 것으로 가득했습니다. 커다란 모과 나무가 있는 정원을 지나 2층으로 올라가니 전면이 그림책으로 가득 찬 작업 공간이 나왔습니다. 머무르기만 해도 행복해지는 공간에서 조수진 작가님이 친근하게 맞아 주셨죠. 작가님은 아이들에게 어떻게 캐릭터를 만들고 그림책을 작업하는지 설명하기에 앞서 다양한 그림책을 보여 주셨어요. 작가님께서 소장하고 있는 책들이 모두 입이 떡 벌어지게 하더라고요. 아이들보다 함께 간 엄마들이 더 신났던 순간이었어요. 작가님은 아이들에게 이런 작품들을 접하며 자연스레 그림을 그리기도 하고, 일상에서 보고 느끼는 것들에서 아이디어를 떠올려 그림책을 만든다고 말씀해 주셨어요. 함께 사는 도마뱀과 새도 그림책에 그렸다고 이야기하셨는데, 작가의 일상이 작품 속에 고스란히 녹아있다는 걸 알게 되었답니다.

낯을 많이 가리는 저희 아이도 이날은 편안하게, 아주 능동적으로 캐릭터 만들기에 집중했는데요. 본격적으로 캐릭터 만들기에 앞서 다양한 표정들을 그려 보고, 내가 좋아하는 것과 싫어하는 것들을 생각해 보았어요. 무엇보다 좋았던 건 아이들이 다양한 재료들을 직접 만지고 골라 자신만의 캐릭터를 만들 수 있는 시간이었어요. 중간에 바느질이 필요해 잠깐 엄마의 실력을 보여줘야 해서 당황하기도 했지만 이런 엄마의 모습도 아이에게는 즐거운 경험이었던 것 같아요. 지금도 그 때 만들어 온 캐릭터 '누룽지'가 아이의 책상 한편에 있어요. 아이는 아마도 누룽지를 보며 이 캐릭터를 만든 시간과 그때의 그 감정들을 기억하겠죠?

멋진 공간과 자유로운 분위기 그리고 무엇보다 아이들의 상상력을 잘 이끌어 주신 작가님과 〈라키비움J〉 관계자분들 덕분에 아이와 정말 기억에 남을 추억을 만들게 되었습니다.
- 〈라키비움J〉 독자, 여지은

《라키비움J 10호 : 그림책은 집》과 함께 했어요!

지난 호 표지 그림의 주인공인 이수연 작가님이 그림책과 예술을 사랑하는 〈라키비움J〉 독자분들을 만났어요. 이수연 작가님은 《비가 내리고 풀은 자란다》 창작 과정을 들려주고, 그림책 속 수채화 기법을 가르쳐 주셨지요. 작가님의 친절한 설명과 함께 예측할 수 없는 다양한 실험 기법들도 경험할 수 있었어요.

이수연 작가의 여름 아뜰리에

한창 더운 7월, 라키비움J에서 워크숍에 초대해 주셨다. 환대하는 공간에서 만난 이수연 작가님은 그림책 속 나무처럼 청초하셨다. 그러나 말씀을 시작하시자 아이들처럼 반짝이셨다.

먼저 작가님이 예전에 작업하신 스케치북들을 보여 주셨다. "이런 것도 했고요. 저런 것도 해봤어요" 별일 아닌 듯 말씀하시지만 작가님의 진한 시간이 페이지마다 묻어난다. 그림과 깊어지기 위해 얼마나 긋고, 지우고, 다시 그리고 칠했을까.

본격적으로 워크숍이 시작되고 작가님이 작업 방식을 설명하셨다. 이미 칠한 색을 깎아내기. 미술보다 마술에 가깝다. 마술사들도 비법은 공개 안 하는데 고민 끝에 닿은 방법을 이렇게 쉽게 알려주셔도 되나? 작가님은 그저 오늘은 다 가져가도 된다는 듯 서글서글 웃고만 계신다.

작가님의 지도에 따라 도화지에 색칠을 한다. 주로 사용하셨다던 잉크를 나눠 주신다. 깊은 파랑과 살아나는 초록. 그 다음 색을 깎아낸다. 내가 뭘 하고 있는지 깨닫기 전에 벌써 종이가 하얘졌다. 돌이킬 수 없다. 하얀 부분을 어찌할 줄 몰라 외면한다.

작가님이 내게 다가오신다. 나는 머쓱한 얼굴로 "아이들을 그려 넣고 싶었는데 안 됐어요." 말씀드린다. 작가님은 "아이들이 보여요."라고 하시며 약간의 붓질을 해 주신다. 열 번 즈음. 하얀 부분에 정말 아이들이 살아난다.

그림은 색을 더하기만 하는 작업이 아니라는 걸 깨달았다. 덜어내는 시간도 필요하다는 걸. 색을 덜어내면 공백이 되어 무의미해 보이는 부분이 생긴다. 처음에는 두렵지만 공백을 나만의 시선으로 다시 의미 지을 줄 알아야 새로 그려 넣을 수 있다. 워크숍을 통해 덜어낸 부분을 나만의 시선으로 다시 보는 과정을 경험했다. 그렇게 비가 내리고 풀은 자란다. 나도 자란다.

- 〈라키비움J〉 독자, 심현지

《우리 은동이》 김선진 글·그림, 키위북스

《작은 마을》 후지타 신사쿠 글·그림, 김보나 옮김, 미래아이

DASHER

2026년 겨울, 디즈니 플러스에서 **애니메이션 방영 예정**

대셔 – 산타의 첫 번째 순록
매트 타바레스 지음 • 용희진 옮김

혹시 산타 할아버지의 썰매를
루돌프 사슴이 끈다고 생각하시나요?
루돌프는 안개 낀 밤만 함께 해요.
대셔가 이끄는 특별 순록 썰매단이 있답니다.

대셔 – 잃어버린 밤의 선물
매트 타바레스 지음 • 용희진 옮김

크리스마스이브 대셔가
그만 길을 잃어버립니다.
그때 저기, 누군가 나타났어요!

J pic 이메일 jforum1@gmail.com 전화번호 02-6949-0025 인스타그램 @jforum_official

후기

오현수 기자

이번 라키를 준비하면서 유독 과거의 나를 만나는 경험을 했다. 바닷가 시골에서 두 아이와 고군분투하던 나에게 그림책은 아름다운 글과 그림으로 문화적 갈망을 해소해 주는 일종의 숨구멍이었다. BIB 수상작 역사와 내 책장 속의 우리 그림책을 훑어보며 아름답고 고운 이야기들이, 아이들의 작은 세계가 나를 이만큼 키웠구나 싶다. 그림책과 함께한 세월도 30여 년, 사람으로 치면 가장 치열하게 삶을 확장해 나가는 시기. 우리 그림책의 성장기 수혜자로서 그림책과 작가 이야기를 더욱 충실히 기록하고 나누고 싶은 욕심이 생겼다.

이시내 기자

챗지피티에게 사주상담했단 얘기를 들으며 '그게 뭐 얼마나 도움이 되겠어?' 했다가 지인의 소름 돋는 결과를 듣고는 '나도 한 번?' 호기심이 생겼다. 이제는 내년에 쓸 다이어리를 살 건데 행운색이 뭐냐고 묻기까지 했다. (하늘색!) 내내 갈등하던 문제에 '제도 속에서 이름을 얻는 것보다 당신이 직접 이름을 만들며 가세요. 그 길이 훨씬 더 멀리 갑니다.'라는 답을 들었다. 인공지능의 감언이설에 설레지는 않았지만, 어쩐지 자꾸만 생각이 난다. 40대 중반 이후 내 꿈이 조금 더 선명해졌다. 일단은 라키에 기사를 꾸준히 써야 한다. 공부는 내 평생의 업이란다. 제길. (그나저나 둘째가 자꾸 친구들에게 엄마 직업이 출판사 직원이라고 한다. 왜 그러니. 엄마, 교사야.)

표유진 편집장

그림책 편집자로 지내온 시간들 중 가장 행복하고 즐거웠던 순간은 작가님들이 출판사로 원화를 가져오시는 날이었다. 한 장 한 장 원화를 넘겨 보며 감탄했던 날들. 이번 호에서 그림책의 그림들을 보고 또 보며 나는 자꾸만 20대의 내가 떠올랐다. 파주 출판단지와 2200번 버스. 야근하고 집에 가던 길 빛나던 한강, 어린이 팀 편집자들의 맥주를 책임져 주었던 옥탑의 바, 어머나 그림책의 그림은 나의 청춘이었네. 그래서 이번 호가 너무 좋고 이쁘고 그런가 보다.

임서연 편집자

이번 호를 편집하며 쓱- 그림만 훑어보아도 마음이 꽉 차는 기분이다. 아름다운 가을 미술관에 온 듯, 이번 라키를 흠뻑 즐기시길!

하예라 기자

가수 유희열이 딸을 위해 만든 〈딸에게 보내는 노래〉에 이런 가사가 나온다. "꿈 많던 엄마의 눈부신 젊은 날은 너란 꽃을 피게 했단다. 너란 꿈을 품게 됐단다." 창비 출판사의 그림책으로 이 장면을 보며 노래를 듣는데 눈시울이 시큰거린다. 이 페이지는 언제나 울음 버튼이다. 말갛고 자그맣던 나의 꽃, 나의 꿈이 이젠 내 품보다 친구들이 더 좋아질 만큼 자랐다. 아름다운 꽃에 있다는 가시도 돋는다. "한참 시간이 흐른 뒤 어른이라는 이름 앞에 때론 힘겨워 눈물 흘릴 때면" 함께 그림책을 읽으며 살갗을 부비고 깔깔거리던 시간을 기억해 줬으면 좋겠다. 그리고 벅차고도 찬란한 육아 앞에 힘겨운 모든 양육자에게 이번 라키가 작은 응원이 되길. 내게 그랬듯, 그대에게도.

전은주 발행인

나도 이시내 기자 따라 챗지피티에게 물어보았다. 유튜버를 해도 되겠냐고. "丁火 + 乙木 + 戊土 + 壬水 구조를 동시에 쓰는 게 유튜브예요. 그리고 이 네 가지가 모두 선생님 사주에 들어있습니다. 명리적으로 "유튜브형 사주"라고 할 수 있을 정도예요." 란다!!! 그런데 왜 유튜브 조회수는 형편없는 거냐? 엉? (혹시나 기자 후기를 읽으시는 분 중 한 분이라도 제 유튜브가 궁금하시다면, 채널 이름은 '전은주의 출책'입니다. 출판사 대표가 하는 책 이야기. 뇌가 출출할 때 책 이야기라는 뜻도 됩니다. 굽신굽신)
어쨌든 당장 내일부터 영상을 찍겠다고 의욕이 생기는 걸 보면 "잘 될 거야"라는 말이 얼마나 사람에게 힘을 주는지 알겠다! 하긴 이 세상 대부분 그림책이 독자에게 이미 말해주고 있다. 넌 잘 될 거야. 넌 소중해. 넌 충분해! 그러니 우리 어른은 그 말을 아이에게 잘 전해 주기만 하면 된다. 그럼 우리 안에 있는 어느 아이도 귀 기울여 들을 것이다. 혐오와 배제의 언어가 가득한 요즘, 그저 기운 빠져있기엔, 우리는 너무 소중하다. 서로서로 매일매일 자주자주 말해주자. 넌 잘 될 거야!